교과서를 만든 지리 속 인물들

교과서를 만든 지리 속 인물들

서정훈 지음 | 최남진 그림

글담출판사
www.geuldam.com

지은이 **서 정 훈**

학생들에게 꿈과 희망을 심어 주기 위해 마음을 낚는 어부가 되고 싶다는 서정훈 선생님은 한국교원대학교 지리교육과를 졸업한 뒤, 동 대학원 공통사회교육과를 거쳐 지리교육과 박사과정에 재학 중입니다. 현재 경기도 진건고등학교에 재직하고 계시며 2000년부터 김상태 선생님과 "지리교사(http://www.geotutor.pe.kr/)"를 공동 운영하고 있습니다.

교과서를 만든 사람들 ❻

교과서를 만든 지리 속 인물들

지은이 서정훈 | **그린이** 최남진 | **펴낸이** 김종길

편집부 이혜선 · 한정희 · 이경숙 | **디자인부** 박은진 · 김영미 · 윤진숙 · 박초롱 | **마케팅부** 김재룡 · 박용철
인터넷 사업부 현지선 | **홍보부** 홍순정 | **관리부** 조효원 · 최현석

펴낸곳 글담출판사 | **출판등록** 제7-186호
주소 (132-924) 서울시 도봉구 창1동 659-36 덕천빌딩 2층
전화 (02)993-7924(편집부), (02)998-7030(영업부) | **팩스** (02)998-7924
이메일 bookmaster@geuldam.com

초판 1쇄 발행 2006년 12월 20일
초판 3쇄 발행 2009년 9월 5일

값 11,800원

ISBN 89-86019-96-5 43990
잘못 만들어진 책은 바꾸어 드립니다.
www.geuldam.com

국립중앙도서관 출판시도서목록(CIP)

교과서를 만든 지리 속 인물들 / 서정훈 지음 ; 최남진 그림. —
서울 : 글담, 2006
    p. ;   cm. — (교과서를 만든 사람들 ; 6)
요약 : 현직 지리 선생님이 청소년 눈높이에 맞춰 쓴 재미있는 '지리 교양서'
ISBN 89-86019-96-5 43990 : ₩ 11800
980-KDC4   CIP2006002611

　고등학교에 입학한 학생들을 대상으로 교과 흥미에 대한 상담을 하다 보면 중학교 때와 달리 사회 교과에 대한 인식이 크게 변했다는 것을 알게 됩니다. '사회'라는 단일 교과목에서 무려 11개 세부 교과로 나누어져 내용도 어려워졌고 왜 교과서에서 배우지 않은 내용이 시험에 많이 출제되느냐는 볼멘소리도 자주 듣곤 합니다. 그럴 때마다 나라 이름과 그 나라의 수도 이름을 누가 더 많이 외우는가 내기를 하면서 즐거워했던 어린 시절 기억들이 생각납니다. 그때는 사회과목이 마냥 즐거운 놀이로만 여겨졌는데 어느 순간부터 복잡한 이해를 요구하는 입시문제로 느껴지게 되었습니다.

　그토록 좋아하는 '지리'를 가르치는 교사가 되었는데 막상 현장에서 필자는 어쩌면 재미있는 내용을 어렵게만 이끌어갔던 것은 아니었는지 돌이켜 보는 시간이 많았습니다. 무엇보다 학생들의 선택이 과거보다 훨씬 자유로운 지금의 교육과정 속에서 수업 시간에 모든 것을 의지하기보다는 학생 스스로 즐겁게 탐구할 기회가 더 많이 제공되어야 한다는 생각을 자주 하게 되었습니다. 때마침 기회가 되어, 지리 지식에 토대가 되는 인물을 중심으로 새로운 접근을 시도하는 본 책을 집필하게 되었고 동료 교사들이나 학생들과 함께 해왔던 공통된 고민을 조금이나마 담아내게 되었습니다.

물론 실제 지리 교과서에서 직접 언급되는 학자들은 그리 많지 않습니다. 수없이 많은 지리학자의 업적과 그들의 연구 성과물을 익히고 정리해 보았지만 청소년들에게 모두 소개하는 것은 어려워 보입니다. 하지만 탐험가들이나 자신의 목적을 향해 노력했던 인물들의 일대기와 그들의 활동을 살펴봄으로써 그 배경이 되는 시대적·공간적 이해를 흥미롭게 풀어가고자 했습니다. 즉, 시간과 공간은 상호작용을 통해 우리에게 인식되기 때문에 공간적 이해를 바탕으로 하는 지리에서 인물을 통한 역사적인 흐름을 함께 살펴보는 것은 큰 도움이 될 것입니다.

역사적으로 새롭게 발견된 지역으로 우리의 공간적 인식은 점차 확대되었고 그곳에서 보이는 여러 현상을 이해하기 위한 노력도 계속되고 있습니다. 따라서 학생들 입장에서도 시간의 흐름 속에서 지역을 함께 바라보는 것이 편할 것입니다. 이에 본 책은 지리 교과의 중심이 되는 지역 이해를, 새로운 지역이 발견되는 역사적인 사건과 더불어 여행하듯 그려보려 했습니다. 풍부한 사진, 지도, 삽화 등은 돋보기와 같은 역할을 해 줄 것입니다.

책의 인물 구성은, 업적이 지금도 지명이나 사회적 현상 등으로 남아 있는 인물들, 정복 활동을 통해 공간 인식의 범위를 넓혀주었던 인물들, 불굴의 의지와 노력으로 지리 지식의 금자탑을 쌓아냈던 인물들로 꾸몄습니다. 또한 인물 편 사이에 교과 내용을 뒷받침할 수 있는 자료들을 선별하여 제시함으로써 교과서에서 미처 다루지 못하는 배경지식을 쌓는 데 도움이 되고자 했습니다. 책에서 제시하는 인물만으로 인류의 공간 인식이 현재에 이른 것은 아니겠지만 그들의 주요 활동을 통해 우리의 공간적 지평은 어느 정도 넓어질 것이라고 확신합니다.

짧은 지면으로 독자들이 원하는 모든 것을 담아내고 현실 속에 등장하는 많은 문제를 모두 파악할 수는 없습니다. 하지만 인물사와 교과 지식을 함께 살펴보는 새로운 경험이 지리 교과에 대한 흥미를 높이고 스스로 찾아내는 탐구력을 키우는 출발점이 될 것입니다.

부디 많은 독자 스스로 공간적 인식의 폭을 넓혀가고 지리 교과에 대해 풍요로운 경험을 할 수 작은 길라잡이가 되기를 진심으로 기원합니다.

心漁 서정훈

현직 선생님이 먼저 읽어본
"교과서를 만든 지리 속 인물들"

❋ 지리를 통한 세상 보기

우리는 일상생활에서 어느 지역에 대해서 잘 모를 때 '난 이곳 지리를 잘 몰라.' 라고 표현할 정도로 '지리' 라는 말을 자주 쓴다. 그러나 학문이나 교과로서 '지리' 는 청소년이나 일반인들에게는 아직 어려울 뿐만 아니라 생소하게 느껴진다. 청소년이나 일반인이 쉽고 재미있게 읽을 수 있는 '지리 책' 이 매우 부족하기 때문이다.

미국 지리학 잡지 〈내셔널 지오그래픽〉은 '젊은이들의 지리적 문맹이 심각해 다른 나라와의 관계에 영향을 끼칠 뿐만 아니라 세계로부터 고립되고 있다.' 라는 기사와 함께 '지리적 지식이 없는 젊은이들은 21세기의 도전에 대응할 수 없다.' 라고 지적했다. 세계를 알고자 하는 마음은 그곳에 사는 사람들과 그들이 사는 공간에 대한 애정에서 시작한다.

이런 면에서 볼 때 "교과서를 만든 지리 속 인물들"은 그동안 접하기 어려웠던 내용을 중·고등학생들의 눈높이로 현직 지리 교사가 쓴 책이다. 학생들에게는 생소하지만, 넓은 세계와 땅에 대한 열정을 지닌 탐험가와 지리학자들의 생애와 업적을 지리 교과서의 내용과 연관시켜 설명함으로써, 지리에 대해 더 흥미를 갖고 공부할 수 있다. 이 책은 깊이 있는 지리 공부뿐만 아니라 더 나아가 세계를 알고자 하는 마음과 '지리를 통한 세상 보기'에 도움을 줄 것이다.

김상태(마산 성지여고, 지리교사(http://www.geotutor.pe.kr/) 운영자)

❋ 반짝이는 호기심의 출발점, 지리

호기심은 능동적으로 사람을 움직이게 하는 근원이다. 그러나 너무나 많은 호기심거리들이 나열되고 제대로 충족되지 않는다면 지치게 된다.

사실 지리는 이 세상에 대한 반짝이는 호기심으로 출발한 과목이다. 호기심들이 하나하나 해소되면서 '다름'에 대한 이해가 생기고, '사랑'이 생기고, '교류'가 생기는 것이다. 따라서 지리는 어쩌면 교류가 증가하는 것에 비해, 서로에 대해서 겉으로 보이는 것에 대한 부족한 이해나 오해가 많이 발생하는 이 시대에 훨씬 더 중요한 과목일지도 모른다.

그런데 상당수 학생이 지리를 지루하다고 한다. 수많은 호기심을 생동감 없이 따분하게 없애고, 호기심마저 잠재우는 과목으로 생각하는 일도 있다. 그래서 노력하는 선생님들이 아름답다. 학생들의 눈높이에서 호기심을 채우고, 더 큰 호기심을 만들어가며 그것을 바탕으로 세상에 대한 그들의 관심과 이해를 이끌어내려는 노력의 결과물인 이 책에 박수를 보낸다.

임영주(서울 온곡중학교 사회교사)

❋ 지리와 역사가 만나다

공간을 떠난 삶을 생각할 수 있을까? 지리를 떠난 역사를 생각할 수 있을까? 그런데 어느 결에 우린 그렇게 생각하는 데 익숙해져 왔다. 지리와 역사가 별개의 과목으로 존재했기 때문이다.

"교과서를 만든 지리 속 인물들"은 미지의 세계를 발견한 사람들의 이야기다. 그러나 저자는 그들이 단지 새 땅을 발견한 것에 그치지 않고, 새로운 삶을 발견하고 세계를 더 넓혔으며, 이로써 새로운 역사가 시작되었음을 보여준다.

나와 다른 삶에 관심이 있는 이들, 미지의 세계를 향한 열정을 가꾼 이들, 우리가 사는 땅에 얽힌 땀의 흔적을 소중히 여기는 이들에게 이 책을 권한다.

김육훈(서울 태릉고 역사교사)

제1장 지명에 자신의 이름을 남긴 인물들

제2장 정복활동을 통해 새로운 세계를 발견한 인물들

지리책
contents

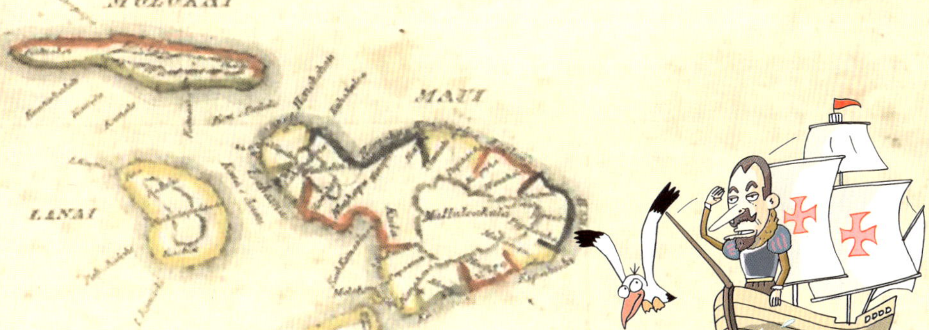

제3장 지리 지식의 금자탑을 쌓은 인물들

❋ 아메리카에 문패를 만들어준 **아메리고 베스푸치** ❋ 최초로 세계 일주에 성공한 **마젤란** ❋ 세계의 심장부를 관통하는 허드슨 강의 **헨리 허드슨** ❋ 천연자원의 보고, 알래스카를 발견한 **베링** ❋ 오늘날의 세계 지도를 완성한 **제임스 쿡** ❋ 라틴아메리카 탐험을 통해 과학적 업적을 이룬 **알렉산더 훔볼트** ❋ 쉬어가는 페이지 - **지리 속 영역과 기후**

제1장

지명에 자신의 이름을 남긴 인물들

아메리고 베스푸치

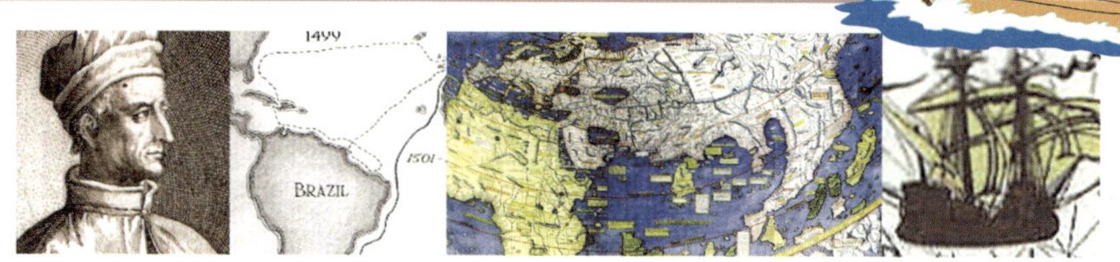

Amerigo Vespucci, 1454~1512 대서양 건너 신세계는 콜럼버스가 처음 발견했다고 알려져 있는데 그 대륙의 이름은 왜 아메리카일까요? 콜럼버스는 죽을 때까지 그곳을 인도라고 착각했지만 그 지역이 아시아의 일부가 아닌 아직 알려지지 않은 새로운 대륙임을 처음으로 알아낸 사람은 바로 아메리고 베스푸치입니다. 이 때문에 그의 이름에서 아메리카라는 지명이 유래했답니다.

■ 콜럼버스의 배를 만들며 탐험에 눈뜨다

베스푸치는 1454년 이탈리아 피렌체에서 태어났습니다. 어릴 때 삼촌에게 교육을 받은 그는 여러 방면의 독서와 각종 지도 수집을 즐겼다고 합니다.

당시 그의 아버지는 이탈리아의 유명한 가문인 메디치가(家)와 관련된 일을 했습니다. 그래서 베스푸치 또한 메디치가의 배와 관련된 사업을 관리했습니다. 그는 이때 콜럼버스의 항해에 사용될 배를 만드는 일을 도왔으며 항해에 대해 직접 보고 들으면서 탐험에 관심을 두기 시작했습니다.

메디치 가문 : 르네상스 시대에 이탈리아의 문화, 상업, 정치 분야에서 큰 영향력을 행사한 유명한 가문.

그러면서 그는 당시 유명한 지리학자였던 프톨레마이오스가 이야기한 인도의 제일 남쪽을 돌아 아시아로 가는 항로를 찾아

볼 것을 결심했습니다. 능력 있는 사업가였던 그는 마흔이 넘은 늦은 나이
에 탐험가로 변신했습니다.

■ 마침내 브라질과 베네수엘라 땅을 밟다

베스푸치는 마침내 1499년 스페인의 후원을 받아 알론소 데 오헤다가 이
끈 탐사대의 일원으로 제1차 항해를 시작했습니다. 4척의 배로 출발한 이
탐사대는 남아메리카의 북부 해안인 가이아나 근처 해안에 도착했는데 일
부는 북쪽으로, 베스푸치 일행은 남쪽으로 항해했습니다.

이때 그는 브라질의 아마존 강 하구를 탐험했고 남위 6° 부근까지 도달했
으며 돌아오는 길에 베네수엘라를 가로지르는 오리노코 강 유역을 탐험했
습니다. 그리고 이곳에서 원주민들이 물 위에 집을 짓고 생활하는 것을 보
고 이탈리아에 있는 물 위의 도시인 베네치아를 생각하여 '작은 베네치아'
라는 의미로 '베네수엘라' 라고 불렀는데, 여기서 베네수엘라라는 국명이
유래했습니다.

베스푸치는 이 탐험에서 브라질과 아마존 강 유역을 처음으로 탐험한 유
럽인이 되었습니다. 그러나 그 후 베스푸치 일행은 이 지역에서 별다른 활동을 하지 않았습니다. 그 때문에 브라질은 1500년 4월 무렵 아프리카를 돌아 인도로 가는 도중에 우연히 이 땅을 다시 발견한 포르투갈의 항해가인 카브랄에 의해 포르투갈의 식민지가 되었습니다.

베스푸치 기념 우표

베스푸치는 1500년 6월 스페인으로 돌아왔으며, 그가 쓴 편지에 의하면 베스푸치 또한 이곳을 아시아의 끝이라고 생각했습니다.

■ 스페인 최고의 항해사, 베스푸치

이듬해인 1501년 5월 베스푸치는 포르투갈의 지원을 받아 제2차 항해를 시작했습니다. 그는 남위 5° 부근의 브라질 해안에 도착한 뒤 리우데자네이루 만을 보게 되었고, 우루과이와 아르헨티나 경계의 라플라타 강을 탐사한 후 1502년 2월에는 아르헨티나 남부의 산훌리앙 근처까지 탐험했습니다.

그러나 이곳은 남반구라서 이미 여름이 끝나가는 계절이었기 때문에 더는 항해하지 못하고 1502년 7월 말 즈음 포르투갈로 돌아오게 됩니다. 이 항해로 베스푸치는 새로 발견한 이 땅이 아시아의 일부가 아니라 신대륙임을 어느 정도 알게 되었습니다.

포르투갈로 돌아오고 나서 다시 스페인으로 이주한 베스푸치는 1508년 '스페인 최고의 항해사'라는 명칭과 함께 수석 항해사로 일을 하다가 1512년

스페인 세비야에서 사망했습니다.

■ 아메리카! 아메리카!

탐험 이후 베스푸치는 1503년 아메리쿠스 베스푸시우스(베스푸치의 라틴명)라는 이름으로 『문두스 노부스(Mundus Novus : 신세계)』, 1505년경 『4회의 항해에서 새로 발견된 육지에 관한 아메리고 베스푸치의 서한』 등을 출판했습니다. 이를 바탕으로 독일의 지리학자인 발트제밀러는 1507년 그의 책 『세계지 입문』에서 새로 발견된 땅을 발견자 아메리고의 이름을 따서 아메리고의 땅 즉 '아메리카' 로 이름 지었습니다. 그러나 발트제밀

발트제밀러의 지도 '아메리카' 상세 부분

러는 당시 아메리카라는 명칭을 남미대륙에 한정해 사용했는데, 독일의 지리학자인 메르카토르(Mercator)가 1538년에 발간한 『세계 전도』라는 지도책에서 아메리카라는 명칭을 아메리카 대륙 전체에 사용함으로써 오늘날까지 사용하고 있습니다.

아메리고 베스푸치가 이름 지어준 나라 '미국'

17세기 무렵 영국의 식민지로 개척되기 시작한 미국은 영국과의 전쟁을 통해 독립을 선언(1776)했고, 워싱턴을 대통령으로 선출하면서 아메리카 합중국(USA)이 탄생했습니다. 그 후 서부 개척으로 영토를 확장하고, 남북전쟁을 통해 노예 해방을 선언한 후 점차 거대한 산업 국가로 성장을 거듭하여 오늘날 세계 최강 대국으로 발전했습니다.

워싱턴이 수도이며 대륙에 있는 48개 주와 알래스카, 하와이의 2개 주를 합쳐 총 50개 주로 이루어져 있습니다. 북쪽으로는 캐나다, 남쪽으로는 멕시코와 국경이 접해 있습니다.

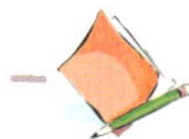

《 교과서로 점프 》

▶ **중학교 1학년 사회** 7. 아메리카 및 오세아니아의 생활

미국 동부에는 애팔래치아산맥, 서부에는 로키산맥이 남북으로 펼쳐져 있고, 그 사이 중앙 평원에 미시시피 강이 흐르면서 세계적인 곡창지대를 이룹니다. 중앙 평원의 농목업은 기계화를 통한 과학적 농목업으로 국제 시장을 겨냥해 기업적이고 상업적인 성격을 띠고 있습니다. 기후는 서경 100° 선을 경계로 서쪽의 내륙 지방은 강수량이 적은

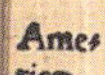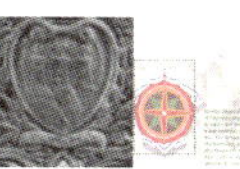

건조기후이며 동쪽은 강수량이 많은 온대습윤기후를 나타냅니다. 그리고 캐나다와 접해 있는 북부 지역은 냉대기후와 빙하지형이 나타나며 남부의 멕시코 만 연안은 아열대성기후가 나타나기도 합니다.

《 교과서로 점프 》

▶ 고등학교 세계지리 3. 일찍 산업화된 국가들

미국은 세계 최대의 공업국가로 전통적인 공업지대는 5대호 연안과 북동부 지역이며 이곳은 다른 지역에 비해 겨울이 춥고 눈이 많이 내려 스노우벨트(Snow belt)라고도 합니다. 하지만 최근에는 기후가 온화하고 자원과 값싼 노동력 등이 풍부한 남서부 지역인 선벨트(Sun belt) 쪽으로 공업의 중심이 이동하고 있습니다. 첨단산업의 중심인 서부의 실리콘 밸리나 남부 멕시코 만 연안에 있는 세계적인 기업의 본사 등이 대표적입니다.

베스푸치의 초상화

베스푸치가 처음 발견한 나라 '브라질'

브라질은 16세기 무렵부터 포르투갈의 식민 통치를 받다가 1822년 독립했습니다. 이런 이유로 브라질은 포르투갈어를 사용하며 국민 대부분이 로마 가톨릭을 믿습니다. 브라질은 라틴 아메리카에서 인구와 면적이 가장 큰 나라로 면적이 우리나라의 37배나 됩니다. 인구의 절반 정도는 백인이고 나머지 절반 정도는 혼혈족 및 흑인, 동양인 등으로 구성되어 있습니다.

수도는 브라질리아지만 최대 도시는 상파울루로 커피 산업이 크게 발달했으며 마나우스는 아마존 밀림 관광의 중심지입니다. 브라질은 세계 최대 길이(5km)를 자랑하는 이과수 폭포와 정열적인 삼바 축제 및 축구 강국으로도 유명합니다.

《 교과서로 점프 》

▶ **중학교 1학년 사회** 7.아메리카 및 오세아니아의 생활

브라질은 적도 부근에 있어 대부분 열대 기후이며, 아마존 강 유역은 셀바스라는 세계적인 밀림지대를 형성합니다. 국토의 대부분이 덥고 습하여 도시와 인구가 주로 동부의 해안가에 집중되어 있는데, 브라질 정부는 인구 분산 및 내륙지방의 개발 등을 목

적으로 수도를 리우데자네이루에서 1960년대에 브라질리아로 옮겼습니다. 원래는 커피 산업을 중심으로 하는 농업이 주요 산업이었으나, 최근에는 풍부한 자원을 바탕으로 철강, 석유, 화학 등의 중화학 공업이 발달하고 있습니다.

《 교과서로 점프 》

▶ 고등학교 세계지리 4.지역 개발에 활기를 띠는 국가들

브라질 영토의 절반 이상을 차지하는 아마존 강 주변 지역은 적도 부근으로 강수량이 많고 기온이 높아 열대우림이 무성합니다. 이곳의 열대우림은 인류에게 필요한 산소의 25% 정도를 공급하고 많은 양의 이산화탄소를 흡수하여 지구의 허파라고도 불립니다. 또한 이 지역은 지구에 존재하는 생물종의 절반이 살아가고 있는 생태계의 박물관과도 같은 곳입니다. 그런데 국토의 균형적인 발전을 목적으로 새로운 토지 마련, 전력 생산, 자원 확보 등을 위한 대규모 개발 사업이 진행되고 있습니다. 브라질의 발전을 위해서는 어쩔 수 없는 선택이지만, 인류에게 지구온난화와 같은 재앙을 불러올 수 있어 많은 나라가 브라질의 지역 개발에 관심을 보이고 있습니다.

아마존 열대 우림

아마존 횡단도로

■ '아메리카'가 표시된 고지도는 과연 얼마일까?

아메리고 베스푸치는 두 차례의 항해를 통해 1492년 크리스토퍼 콜럼버스가 발견한 땅이 아시아의 일부가 아닌 신대륙임을 깨닫고 『신세계』 등의 책을 통해 그 주장을 처음으로 펼쳤습니다. 이에 독일의 지리학자였던 발트제밀러와 그 아래서 활동한 학자들은 1507년 새로운 지도를 만들면서, 아메리고 베스푸치를 기념해 그의 라틴어식 이름 아메리쿠스(Americus)의 여성형인 아메리카(America)를 신대륙의 이름으로 정했습니다. 여성형으로 바꾼 이유는 아시아(Asia), 유럽(Europe, 또는 Europa), 아프리카(Africa) 대륙의 이름이 모두 '-a'로 끝나는 여성형이어서 이것과 맞추기 위한 것이었습니다.

최근 '아메리카'라는 지명을 처음 사용하고, 태평양을 묘사한 약 500년 전의 고지도가 런던 경매장에 나왔습니다. 영국 크리스티 경매소는 남아메리카의 일부에 해당하는 거대한 땅을 '아메리

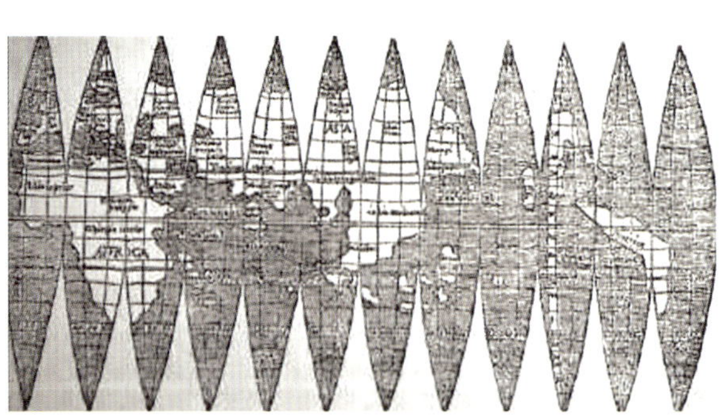

경매에 나온 12개로 이루어진 고지도 (1507)

카' 라고 이름 붙인 이 지도가 경매에서 50만~80만 파운드의 가격을 받을 수 있을 것으로 예상했습니다.

오래된 이 지도는 독일의 지도 제작자 발트제밀러 아래서 활동한 학자 그룹이 만든 지도들 가운데 남아 있는 4개의 지도 중 하나로 1507년의 목판을 이용해 제작한 것입니다.

■ 베스푸치의 영광과 치욕

베스푸치에게는 오늘날 최대 강대국에 자신의 이름을 남긴 '위대한 발견자' 라는 명예와 동시에 '사기꾼' 이라는 비난도 함께 따라다닙니다. 그는 항해와 관련해 1503년 출판한 『문두스 노부스(Mundus Novus : 신세계)』에서 두 차례의 항해 기록을 소개했고, 1505년의 『4회의 항해에서 새로 발견된 육지에 관한 아메리고 베스푸치의 서한』에서는 네 차례의 항해 기록을 소개했습니다.

베스푸치는 이 두 번째 책에서 1497년부터 1503년까지 네 차례에 걸쳐 신대륙에 도착했다고 썼지만 후세 여러 학자의 연구 조사에 따르면 날짜나 중요한 사실들에 모순이 있어 기록들이 교묘하게 조작된 것으로 밝혀졌습니다. 베스푸치가 항해했다고 확인된 것은 1499년과 1501년의 두 차례뿐입니다. 이 때문에 베스푸치는 자신의 업적을 과장한 거짓말쟁이라는 비난을 받았습니다. 뉴욕 타임즈 또한 '1,000년 내 최대 실수'에서 '아메리카'라는 이름을 사용하는 것이라 꼽기도 했습니다.

그러나 베스푸치는 콜럼버스가 인도라고 착각했던 땅이 인도가 아닌 새로운 세계임을 깨닫고 널리 이야기한 사람으로, 세상에 신세계의 존재를 처음 알렸다는 데에 그 가치가 있습니다.

베스푸치를 기념하는
이탈리아 5,000리라 동전

마젤란

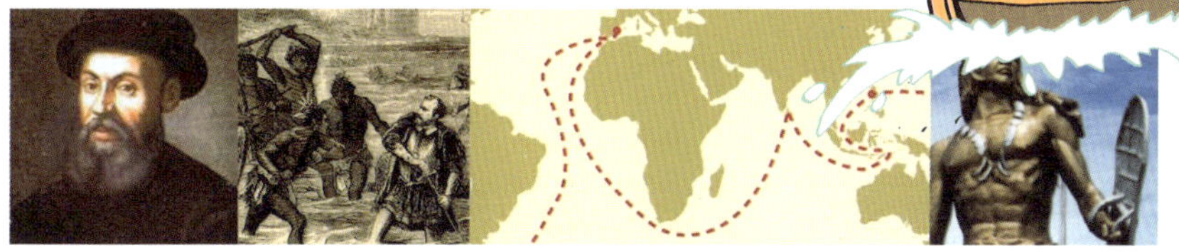

Ferdinand Magellan, 1480~1521 옛날 사람들은 지구가 평평하다고 생각했습니다. 그 사람들에게는 상상 속의 큰 코끼리나 거북이가 지구를 등에 지고 있기 때문에 멀리 항해할 경우에는 떨어져 죽을 것이라는 공포감이 있었습니다. 하지만 마젤란 함대가 3년여 만에 다시 제자리로 돌아옴으로써 지구가 둥글다는 것이 증명되었으며 생각보다 훨씬 더 크다는 것도 알게 되었습니다.

■ 조국 포르투갈을 떠나 에스파냐로 가다

마젤란은 포르투갈의 하급 귀족 출신으로 원래 포르투갈어로는 '마갈랴 잉시(Fernando de Magalhes)' 라고 부릅니다. 마젤란은 어린 시절에 리스본에서 왕비의 시중을 들기도 했었고 1505년부터 1512년까지는 포르투갈의 동방 함대에서 활동하기도 했습니다.

이 당시 유럽인들은 동방의 향신료를 매우 귀하게 여겼는데, 이슬람 세력인 오스만투르크 때문에 동방 무역이 어려워지자 새롭게 동방으로 가는 길을 개척하기 시작했습니다. 포르투갈의 동방 함대도 교역에 방해가 되었던 아프

마젤란

선교활동을 하는 마젤란

마젤란 기념 우표

리카와 인도의 이슬람 해상 세력을 물리치고 동방 무역을 원활히 하기 위해 파견되었습니다. 포르투갈은 여러 차례의 전투에서 승리를 거두고 말라카 해협까지 정복함으로써 동방에서의 지배권을 크게 확대했습니다. 이때 동방 원정대에 참여했던 마젤란은 동방의 향료 무역 중심지였던 몰루카 제도에 대해 많은 정보를 수집할 수 있었습니다.

그 후 마젤란은 1514년경 아프리카의 모로코에서 가축관리 업무를 맡고 있었는데 터무니없는 오해를 사게 되어 포르투갈 정부에 신뢰를 잃었습니다. 그리하여 결국은 조국 포르투갈을 떠나 에스파냐로 향하게 되었습니다.

■ '마젤란 해협'과 '태평양'에 이름을 붙이다

1517년 에스파냐 세비야에 도착한 마젤란은 포르투갈 국적을 버리고 에스파냐 왕에게 충성을 맹세했으며 동방의 향료 섬을 찾는 것에 대해 왕의 후원을 요청했습니다. 당시 동방의 향료 섬들은 에스파냐에 속할 가능성이 컸고 그것이 증명된다면 엄청난 이익을 얻을 수 있었기 때문에, 1493년 교황의 칙서를 받아 그 증거를 찾기 위한 탐험이 시도되었습니다.

마젤란 탐험대는 향료 섬인 몰루카 제도로 가는 모든 에스파냐의 항로를 찾도록 지시받았습니다.
마젤란은 포르투갈이 지배하
는 아프리카의 희망봉을 피
해서 가기 위해 대서양을 서쪽
으로 가로질러 남쪽으로 항해
할 계획을 세웠고 에스파냐 왕
에게 대서양을 가로질러 동방

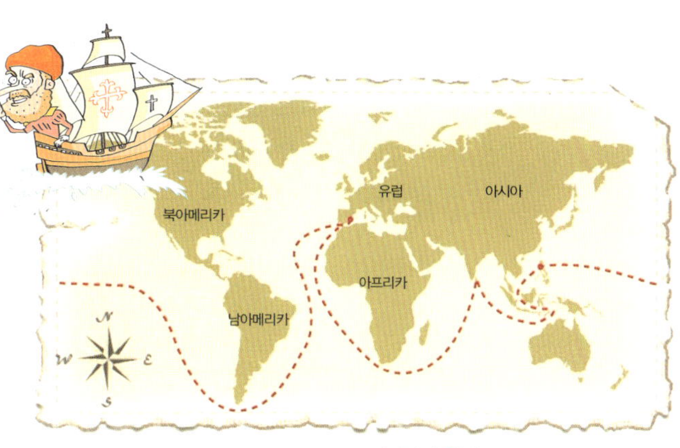

마젤란의 항해도

으로 통하는 해협을 찾도록 명령을 받았습니다.

1517년 에스파냐에서 결혼한 마젤란은 1519년 9월 아내와 어린 아들을 남
겨둔 채 다섯 척의 배에 약 270여 명의 선원을 태우고 마침내 머나먼 항해를
떠났습니다. 이 함대는 그 해 12월 브라질의 리우데자네이루 만에 도달한
뒤 남쪽으로 항해를 계속하여 1520년 3월 남위 $49°$ 부근의 산훌리앙에 도착
했습니다. 그러나 이곳에서 에스파냐 출신의 선장 3명이 반란을 일으켰습니
다. 이때 마젤란은 아주 철저하게 폭동을 진압하면서 선장 1명을 처형하고
난파당한 배 1척을 포기한 채 4척의 배를 이끌고 그 해 10월 21일 남위 $52°$
부근에서 한 해협으로 들어서게 되었습니다. 마젤란 일행은 힘
든 사투 끝에 11월 28일 마침내 해협을 지나 큰 대양으로 진입
하게 되었습니다. 이 과정에서 배 1척이 도망쳤
기 때문에 결국은 3척의 배만이 해협
을 통과했습니다. 이 해협을 마

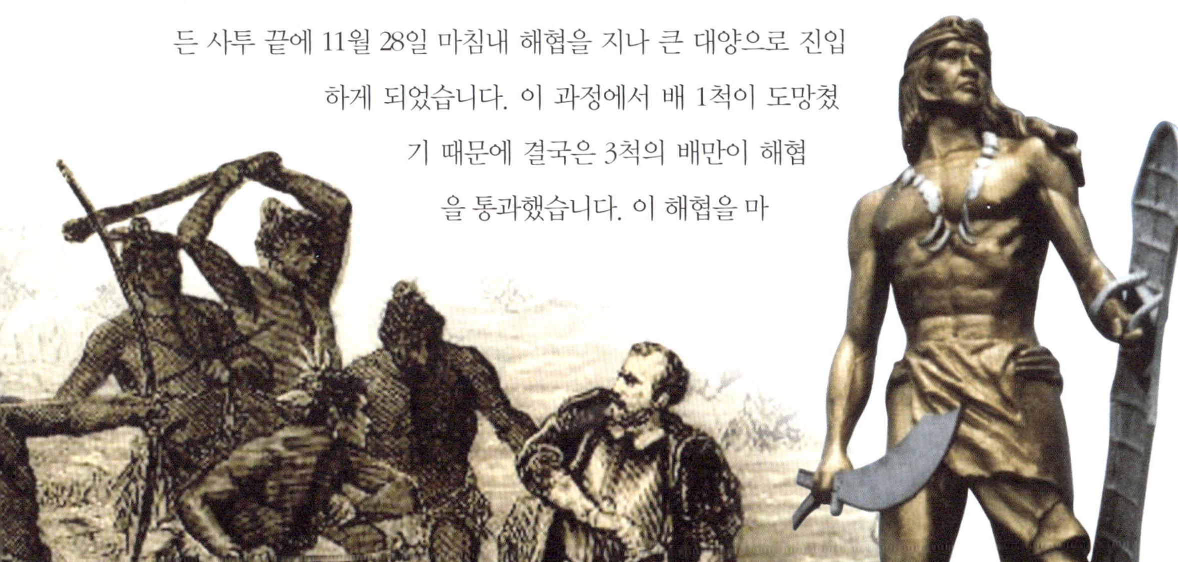

젤란은 '모든 성인들의 해협'이라 칭했는데, 후에 '마젤란(파타고니아) 해협'으로 불리게 되었습니다. 그리고 몇 번의 죽을 고비를 넘기고 간신히 해협을 통과하고 보니 너무나 크고 잔잔한 바다가 펼쳐졌기 때문에 그 큰 바다를 '태평양(太平洋, Pacific Ocean)'이라 이름 붙였습니다.

■ 지구는 둥글다!

마젤란 일행은 대양을 서쪽으로 가로질러 향료 섬을 향해 가던 도중 1521년 3월 무렵 괌 섬에 도착하여 잠시 함대를 정비했습니다. 다시 항해를 계속하여 4월에 필리핀 제도에 도착했으며 세부 섬에서 왕과 부하들을 그리스도교로 개종시키고 에스파냐 왕에게 충성을 맹세하도록 했습니다. 그 후 4월 27일 마젤란과 부하 12명은 막탄 섬에서 원주민과의 전투 도중 전사했습니다.

지휘관과 동료를 잃은 선원들은 인원이 부족해졌기 때문에 배 1척을 불태우고 나머지 2척으로 11월 무렵 몰루카 제도에 도착했습니다. 그러나 나머지 1척이 다시 난파하여 결국 빅토리아 호 1척만이 1522년 9월 에스파냐의 세비아로 돌아왔으며, 이로써 지구가

둥글다는 것이 증명되었습니다. 이때 생존자는 지휘를 맡은 엘카노를 포함하여 18명이었다고 합니다.

결국 최초로 세계 일주를 완성해낸 사람은 엘카노였습니다. 그러나 보통 마젤란을 세계 일주 항해가로 부르는 것은 그가 이 항해를 최초로 계획하고 이끌었기 때문입니다. 마젤란은 훌륭한 지휘자이며 탐험가로 역사 속에 그 이름을 길이 남겼습니다.

마젤란이 전사한 나라 '필리핀'

필리핀은 약 7,100여 개의 크고 작은 섬들로 이루어진 나라로 아시아 대륙 남동쪽의 서태평양에 있으며 수도는 마닐라입니다. 1521년 마젤란이 세

부 섬에 상륙했던 것을 계기로 에스파냐가 여러 차례의 원정 끝에 1571년 필리핀을 정복하였으며 당시 에스파냐 국왕인 펠리페 2세의 이름에서 필리핀이라는 국명이 유래하였습니다. 그 후 에스파냐는 필리핀을 330여 년간 지배하다가 1898년 미국–에스파냐 전쟁에서 미국이 승리하면서 필리핀은 다시 미국의 지배를 받게 되었고 1945년 7월 마침내 필리핀 공화국으로 독립하였습니다.

필리핀은 오랫동안 에스파냐와 미국의 지배를 받았기 때문에 주민의 대부분이 그리스도교 특히 로마 가톨릭을 많이 믿으며 필리핀어를 국어로, 영어를 공용어로 사용합니다.

《 교과서로 점프 》

▶ 중학교 1학년 사회 5. 아시아 및 아프리카의 생활

동남아시아 지역에 속하는 필리핀은 적도에서 가까운 곳에 있기 때문에 대체로 열대

계단식 논

기후가 나타나며 환태평양 조산대에 속해 있어 화산과 지진활동이 자주 일어납니다. 섬나라인 필리핀은 평야가 적기 때문에 주로 산지를 개간한 계단식 논에서 벼를 재배하며 풍부한 삼림 자원을 바탕으로 목재를 대량 수출합니다.

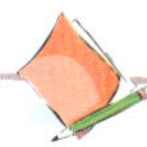 《 교과서로 점프 》

▶ **고등학교 세계지리** **4.지역 개발에 활기를 띠는 국가들**

필리핀은 1967년 인도네시아를 비롯한 동남아시아의 몇몇 나라들과 함께 이 지역의 경제 성장 및 사회·문화 발전을 가속시키고 평화와 안전을 추구하기 위해 동남아시아 국가 연합(ASEAN)을 결성했습니다. 현재는 10개국이 회원국으로 동남아시아 전체를 포괄하며 1992년에는 ASEAN 자유무역지대를 창설하여 역내 관세를 줄이고 외국인 투자를 완화하는 등 경제 발전을 위해 노력하고 있습니다.

세계적인 휴양지 세부 섬

향료의 세계, 몰루카 제도의 '인도네시아'

인도네시아는 약 13,000여 개의 섬으로 이루어진 동남아시아의 섬나라입니다. 수도는 자바 섬의 자카르타이며 세계에서 4번째로 인구가 많은 나라입니다. 향료 섬인 몰루카 제도 때문에 일찍부터 유럽인들이 상륙했었고, 17세기 무렵에는 네덜란드가 이곳에 동인도회사를 세우면서 지배권을 독차지했습니다. 그 후 1942년부터 잠시 일본의 지배를 받다가 1945년 8월 독립을 선언했습니다. 인도네시아는 지역적 불균형이 심한 나라로 전체 인구의 2/3 정도가 자바 섬과 수마트라 섬에 분포하기 때문에 아직 개발되지 않은 여러 섬의 개발을 통해 국가의 균형 발전을 꾀하는 것이 앞으로의 중요한 과제입니다.

《 교과서로 점프 》

▶ **중학교 1학년 사회** 5.아시아 및 아프리카의 생활

인도네시아는 적도가 통과하는 지역에 있어 일 년 내내 덥고 강수량이 많은 열대 밀림이 나타납니다. 그리고 수마트라 섬과 자바 섬 지역은 알프스–히말라야 조산대 및 환태평양 조산대가 지나가는 곳으로 지반이 복잡하며 불안정하여 세계적인 화산 및 지진

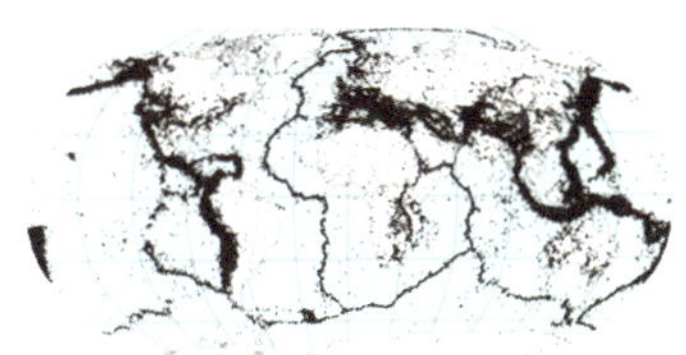

세계의 지진대 및 화산대

대입니다. 민족 구성은 매우 복잡하여 300여 종족이 혼합되어 있으며 주민의 대부분은 이슬람교를 믿습니다. 천연고무와 목재의 생산이 많고 석유와 천연가스 등도 풍부하여 최근에는 자원과 노동력을 바탕으로 공업 발달을 꾀하고 있습니다.

《 교과서로 점프 》

▶ **고등학교 세계지리** 4.지역 개발에 활기를 띠는 국가들

1989년 11월 한국·미국·일본·오스트레일리아·캐나다·뉴질랜드와 인도네시아를 포함한 동남아시아 국가 연합(ASEAN) 6개국 등 12개국이 참여한 가운데 제1차 아시아태평양경제협력체(APEC) 회의가 개최되었습니다. APEC은 아시아·태평양 지역에서 경제협력을 강화하기 위한 국제협력기구로 2001년 현재 21개국이 참여하며 인도네시아는 ASEAN 및 APEC 회원국으로, 변하는 세계 경제의 흐름에 효율적으로 대응하면서 자국의 경제 발전을 위해 노력하고 있습니다.

자바 섬의 보로부두르 불교 유적

■ 대서양과 태평양을 연결하는 마젤란 해협

마젤란 일행은 항해를 시작한 지 1년 2개월여 만에 죽을 고비를 넘기면서 마젤란 해협을 건넜습니다. 그 당시를 묘사한 기록에 의하면 그들은 심한 갈증에 시달려 썩은 물을 먹었으며, 식량이 바닥나 쥐가 물어뜯어 벌레가 득실거리는 비스킷도 먹어야 했고, 식량으로 쥐를 거래하기도 했습니다. 심지어는 돛대 끝에서 가죽까지 떼어먹을 정도였다고 합니다. 게다가 더욱 비참한 상황은 괴혈병으로 잇몸이 부어올라 아무것도 먹을 수 없는 상태에서 죽어가는 것이었습니다. 이런 최악의 상황에서 해협을 건너 큰 대양에 이르렀을 때 매우 기쁜 나머지 강인했던 마젤란도 주저앉아 눈물을 흘렸다고 합니다.

마젤란 해협

이렇게 힘겹게 해협을 지나 도달한 바다가 어찌나 크고 평온하던지 마젤란은 그 바다를 크고 평화로운 바다라는 의미로 '태평양(太平洋, Pacific Ocean)'이라 불렀습니다. 그 이후로 수많은 배가 마젤란 해협을 통해 대서양과 태평양을 왕래하였으나 1914년 파나마 운하가 뚫리면서 항로로서의 중요성은 상실하게 되었습니다.

■ 역사를 보는 서로 다른 시각 – 마젤란 VS 라푸라푸

1521년 세부 섬에 도착한 마젤란 일행은 그곳에서 그리스도교를 전파하고 세부 섬의 부속 섬인 막탄 섬으로 건너가 포교하려 했으나 추장 라푸라푸의 저항을 받아 전투 끝에 이곳에서 사망했습니다.

마젤란 기념비는 그가 최후를 마친 지점에 1866년에 건립된 것이며 이 기념비 뒤쪽에는 침략자에 대항하여 용감히 저항한 필리핀의 영웅 라푸라푸의 기념비도 세워져 있습니다. 유럽인들은 마젤란을 최초로 세계 일주를 이끌었던 위대한 탐험가로 묘사하지만, 필리핀인들에게 마젤란과 그 일행은 에스파냐의 침략자들일 뿐이며 이를 물리친 라푸라푸 추장이 필리핀의 영웅입니다. 유럽인들은 '신항로 개척', '신대륙 발견'을 얘기하지만 원주민들에게 그들은 침략자들일 뿐입니다.

마젤란 기념비

헨리 허드슨

Henry Hudson, 1570(1550)년경~1611년경 우리가 아는 강이나 바다 이름 중에는 그것을 발견한 사람 이름을 붙인 것들이 아주 많답니다. 그렇다면 오늘날 세계 최고 도시라는 뉴욕을 가로질러 흐르는 강 이름은 무엇일까요? 영국의 탐험가 헨리 허드슨의 이름을 딴 허드슨 강입니다. 그 밖에도 캐나다 허드슨 만, 허드슨 해협 모두 그의 이름을 붙인 것입니다.

■ 유럽에서 아시아로 연결되는 새로운 뱃길을 찾아 나서다

영국 탐험가인 헨리 허드슨의 출생이나 초기 활동에 대해서는 알려진 게 별로 없고 남아 있는 기록 또한 정확하지 않습니다. 그러나 그가 북극해를 지나 아시아로 가는 뱃길을 찾고자 총 네 차례에 걸쳐 위험을 무릅쓰고 북방 항로를 탐험했다는 사실은 익히 알려져 있습니다.

16세기 후반 무렵 한 발 늦게 신항로 개척에

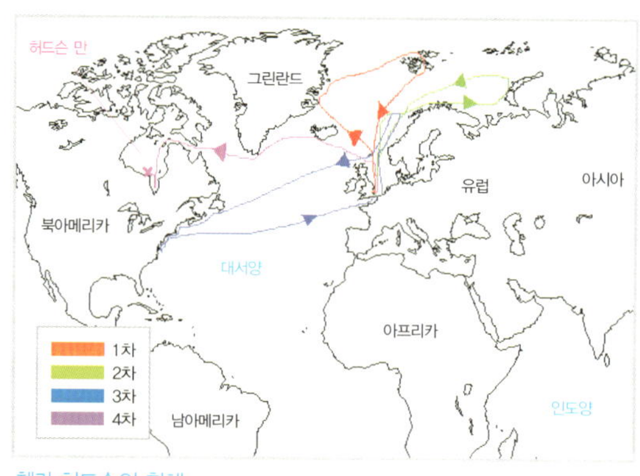

헨리 허드슨의 항해

뛰어든 영국이나 프랑스는 에스파냐나 포르투갈의 손이 닿지 않은 전혀 새
로운 항로를 개척해야만 했기 때문에 북극해를 지나 아시아에 진출하고자
했습니다. 이런 이유로 허드슨 또한 스칸디나비아 반도를 북동쪽으로 돌아
아시아의 북쪽 해안을 따라가면서 태평양으로 연결되는 북동 항로를 찾고
자 세 차례 정도 탐험을 했습니다. 그리고 마지막 항해에서는 대서양에서
북극해를 지나 서쪽으로 항해함으로써 북아메리카를 거쳐 태평양으로 빠져
나가는 뱃길인 북서 항로를 찾아 한 차례 탐험을 했습니다.

■ 얼음 바다를 뚫고 동쪽으로 동쪽으로!

기록에 의하면 허드슨은 1585년경부터 탐험 활동에 참여한 것으로 보이
며 런던의 머스코비 회사와 네덜란드 동인도 회사에서 후원을 받았습니다.
당시 머스코비 회사는 러시아와 무역을 했기 때문에 이 무역로를 이용해 중
국이나 일본으로 연결되는 북동 항로를 탐색하고자 했습니다.

1607년 허드슨은 아들 존 및 다른 선원들과 함께 북극해를 지나 아시아로
연결되는 북동 항로를 찾기 위해 호프웰
호에 올랐습니다. 이 항해는 머스
코비 회사의 후원을 받은
것으로 허드슨은 6월
무렵 그린란드
동쪽 해안에
도착한 후 다
시 북쪽을 향

허드슨 만

하프문(Half moon)호

해 출발해 스발바르 제도에 도착하였습니다. 이곳은 이미 네덜란드의 항해가 빌렘 바렌츠가 탐험했던 곳으로 그의 이름을 붙여 바렌츠 해라 부르는 곳입니다. 허드슨은 북극으로부터 577마일(약 930km) 정도밖에 떨어지지 않았던 이 항해에서 엄청난 빙하로 더는 나아가지 못하고 영국으로 돌아왔습니다. 그는 돌아오는 길에 북위 71°에 있는 얀마웬 섬을 발견했습니다.

이듬해인 1608년 허드슨은 머스코비 회사의 지원을 받아 다시 한번 북동 항로 탐험을 시도했습니다. 하지만 이때에도 빙하 때문에 러시아 북서부에 있는 섬인 노바야젬랴 섬까지 갔다가 다시 돌아오게 되었습니다. 이 항해에서 머스코비 회사는 더는 자금 지원을 하지 않게 되었고 허드슨은 탐험을 계속하려고 네덜란드 동인도 회사의 자금을 지원받게 되었습니다.

1609년 5월 허드슨 일행은 하프문(Half Moon) 호를 타고 다시 북동쪽으로 항해하여 바렌츠 해 부근까지 탐험했습니다. 그러나 여전히 얼음과 폭풍으로 항해가 어려워지자 항로를 바꿔 서쪽으로 항해하여 북서 항로를 찾고자 했습니다. 북위 40° 부근에서 아메리카 북동 연안을 탐험하던 허드슨은 큰 강을 발견했습니다. 이 강은 원래 1524년경 이탈리아의 탐험가인 조반니 다 베라차노가 발견한 것이었으나 이를 본격적으로 탐험한 허드슨의 이름을 붙여 허드슨 강이라고 부릅니다. 네덜란드는 나중에 이곳에 정착하여 '뉴암스테르담'이라는 식민 도시를 건설했는데, 이후 영국의 지배를 받으면서 '뉴욕'이라 불리게 되었습니다. 허드슨은 네덜란드로 돌아오는 길에 영국에 잠깐 들렀는데, 이때 영국 정부의 요구로 네덜란드와의 관계를 중단하게 되었습니다.

■ 북서 항로 탐사로 '허드슨 해협', '허드슨 만' 발견

북동 항로를 찾는 데 실패한 허드슨은 1610년 영국의 동인도 회사와 머스코비 회사 그리고 일부의 귀족들과 상인들의 후원으로 북서 항로를 찾아 네 번째 탐험을 떠났습니다. 디스커버리(Discovery) 호를 타고 아이슬란드와 그린란드를 거쳐 서쪽으로 항해하여 북아메리카 동부 연안의 한 해협을 지나 큰 바다에 이르게 되었는데, 이곳은 후에 '허드슨 해협'과 '허드슨 만'으로 불리게 되었습니다. 그러나 이곳을 태평양이라고 생각했던 허드슨은 출구를 찾아 남쪽으로 항해했지만 결국 길을 찾지 못하고 바다 위에서 겨울을 보내게 되었습니다. 그러면서 허드슨과 선원들 사이에는 갈등이 생기기 시작했고 결국 이듬해인 1611년 6월 반란이 일어났습니다. 반란을 일으킨 선원들은 허드슨과 그의 아들 존, 그리고 7명의 선원을 작은 배에 실어 허드슨 만의 바다에 떨어뜨려 버렸는데 그 후로는 그들을 다시는 볼 수 없었습니다.

허드슨은 북방 항로 개척에는 실패했지만 포기하지 않는 도전정신으로 위험한 탐험을 네 차례나 시도함으로써 지리학적 지식 및 영국과 네덜란드의 식민지 개척에 큰 영향을 미쳤습니다.

'뉴암스테르담'에서 유래한 '뉴욕'

뉴욕은 미국 북동부 뉴욕 주의 남동부에 있는 항구 도시로 허드슨 강 하구에 자리 잡고 있으며 미국에서 가장 인구 밀도가 높고 큰 도시입니다. 이

곳은 허드슨이 네덜란드 동인도 회사의 후원을 받아 탐험했던 것이 계기가 되어 초기에는 '뉴암스테르담' 이라는 이름의 네덜란드 식민도시로 개척되었습니다. 그러나 1664년 영국과 네덜란드의 전쟁에서 영국이 승리하면서 영국의 지배가 시작되었고 이름도 '뉴욕' 으로 바뀌었습니다. 미국 독립혁명을 겪으면서 미국 최초의 수도가 되기도 했던 뉴욕시는 주변 일부 지역들이 합쳐져서 대뉴욕시가 탄생함에 따라 오늘날 세계적인 도시로 발전하였습니다.

《 교과서로 점프 》

중학교 3학년 사회 6.인구 성장과 도시 발달

도시란 비교적 작은 공간에 많은 사람이 모여 사는 곳으로 인구 밀도가 높고 주변 지역에 대해 중심지 역할을 수행합니다. 과거에는 대부분의 도시들이 한 국가 내에서 중심지의 역할을 담당했지만 세계화 시대의 대도시들은 국가의 경계를 넘어 전 세계적인

중심지 구실을 하고 있습니다. 이러한 도시를 세계 도시(World City)라 하는데 다국적 기업의 본사, 국제적인 금융 기관, 각종 국제기구 등이 모여 있어 자본과 상품, 정보의 교류가 활발하고 중요한 국제적인 의사 결정이 이루어져 세계의 정치와 경제를 이끌어 가고 있습니다. 뉴욕, 런던, 도쿄 등이 세계 도시에 속합니다.

《 교과서로 점프 》

고등학교 세계지리 3. 일찍 산업화된 국가들

미국에서 가장 도시화가 진전된 곳은 오대호와 대서양 연안 지역으로 이곳은 세계 최대의 공업 지역인 동시에 대표적인 인구 및 도시 밀집 지역입니다. 특히 보스턴에서 뉴욕을 지나 워싱턴에 이르는 지역은 여러 개의 대도시들이 하나로 연결되는 거대 도시권을 이루고 있는데, 이를 메갈로폴리스(megalopolis)라고 합니다. 이는 공업화와 함께 교통 및 통신이 발달하면서 주변의 도시들이 서로 연결되어 하나의 생활권을 형성한 것입니다. 이곳은 미국 전체 면적의 1.5%에 불과하지만 미국 총 인구의 20%가 집중되어 있어 세계적인 정치, 경제의 중심지가 되고 있습니다.

뉴욕

허드슨 만을 끼고 있는 '캐나다'

캐나다는 세계에서 영토가 두 번째 넓은 나라로 미국과 국경을 마주하고 있으며 수도는 오타와입니다. 캐나다는 빙하시대에 국토의 대부분이 빙하로 뒤덮여 있었기 때문에 곳곳에 빙하 지형이 나타나며 지금도 일부 고산지대에서는 빙하를 볼 수 있습니다.

북쪽 지역은 북극해에 면해 있어 한대 기후가 많이 나타나는데, 이 때문에 실제 이용되는 면적은 국토의 절반 정도밖에 되지 않으며 대부분의 도시와 인구는 미국과의 국경지대인 남부와 오대호 연안에 집중되어 있습니다. 캐나다는 17세기 영국과 프랑스의 식민지로 개척된 후 두 나라의 7년 전쟁에서 영국이 승리했지만 프랑스인들이 진출했던 퀘벡 주는 여전히 프랑스적 전통이 강하게 남아 있어, 지금도 캐나다 연방으로부터 분리·독립하려는 움직임을 보이기도 합니다.

중학교 1학년 사회 7. 아메리카 및 오세아니아의 생활

캐나다는 서부로는 험준한 로키 산맥이 뻗어 있고 국토의 대부분은 한대 및 냉대 기후가 나타납니다. 프랑스인들이 많이 거주하는 퀘벡 주를 제외하고는 대부분이 영국계 주민들로 영어와 프랑스어를 공용어로 사용하며 주로 그리스도교를 믿습니다. 캐나다 북부에는 원주민인 이누이트(에스키모)들이 살고 있는데 현대 문명에 적응하면서 고유의 생활 방식은 점차 사라지고 있습니다. 최근에는 세계 여러 지역으로부터 이민을 받아들이는 정책을 실시하고 있습니다.

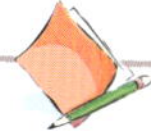

고등학교 세계지리 4. 지역 개발에 활기를 띠는 국가들

캐나다는 빙하 지형 및 추운 기후 때문에 미국과의 인접 지대에 도시와 인구, 산업이 대부분 발달해 있습니다. 냉대나 한대기후가 많이 나타나는 북부는 농업이 이루어지지 않으며 주로 침엽수림이 풍부합니다. 캐나다는 석유와 철광석 등 풍부한 자원을 바탕으로 미국과의 접경지대인 세인트로렌스 강과 오대호 연안 지역에 공업이 빠르게 성장하고 있습니다. 최근 북아메리카 자유무역 협정(NAFTA)을 통해 미국과의 협력을 바탕으로 세계 경제에서 차지하는 비중이 높아지고 있습니다.

캐나다 수도 오타와

이야기...

허드슨 만에서 최후를 맞은 허드슨

허드슨은 1611년 그의 네 번째 항해에서 일부 선원들의 반란으로 비극적인 최후를 맞게 됩니다. 1610년 겨울 허드슨 일행을 태운 디스커버리 호가 허드슨 만으로 접어들었을 때, 그는 남쪽으로 항해하여 결국 태평양으로 빠져나가는 길을 찾지 못한 채 바다에서 겨울을 보내게 되었습니다.

이때 그는 자신의 마음에 드는 선원만 아끼고 선원 전체를 두루 살피지 못했습니다. 식량 문제로 선원들을 의심하면서 개인의 물건들을 뒤지게 되자, 결국 선원들의 불만이 폭발하여 폭동이 일어났습니다. 허드슨에게 불만이 있던 몇몇 선원들은 1611년 6월 영국으로 돌아오는 도중에 허드슨과 그의 아들 그리고 7명의 선원을 작은 배에 실어 허드슨 만에 떨어뜨려 버렸습니다. 그 이후 허드슨 일행이 오타와 강 근처에서 목숨을 구했다고

표류하는 허드슨 일행

주장하는 사람들도 있지만 아무도 그들을 본 사람은 없었습니다. 1631년 무렵 다른 탐험대가 허드슨 일행이 머물렀던 것으로 보이는 흔적들을 발견했지만 그들의 최후에 대해 확인된 것은 아무것도 없습니다.

모두가 술에 취한 섬, 맨해튼

허드슨은 세 번째 탐험에서 북동 항로 개척에 실패하자 북서쪽으로 항로를 바꿔 북아메리카 동부 연안을 탐험했습니다. 이때 북아메리카의 마나하크 강 주변의 인디언들과 마주치게 되었다고 합니다. 그는 인디언들과 좋은 관계를 맺기 위해 술을 대접했다고 하는데, 바로 그 곳이

맨해튼

인디언들의 말로 '마나학타니엔크(manahactanienk), 모두가 술에 취한 섬'이었다고 합니다. 그곳이 오늘날 뉴욕의 가장 중심부이며 세계 상업, 금융, 문화의 중심지인 맨해튼(Manhattan)이라고 합니다.

베링

Vitus Jonassen Bering, 1681~1741 과거 빙하 시대에는 해수면이 낮았기 때문에 아시아와 북아메리카가 육지로 연결되어 있었고 이때 아시아에서 이주해 아메리카에 정착한 사람들이 바로 아메리카 원주민(인디언)들입니다. 베링은 탐험을 통해 현재 아시아와 아메리카는 연결되어 있지 않다는 것을 알아냈으며 탐험 지역인 바다, 해협, 섬, 육교, 빙하 등에 자신의 이름을 남겼습니다. 또한 러시아를 자세히 탐사하고, 알래스카를 발견하는 업적을 이뤘습니다.

■ 조국 덴마크를 떠나 러시아 해군이 되다

베링은 1681년 덴마크의 호르센스에서 태어났습니다. 그는 소년 시절부터 바다를 동경했고 청년 시절에 항해를 시작해 바다에 관한 여러 가지 지식을 빠르게 배웠습니다. 베링은 초기에 동인도 지역을 항해한 후 23세가 되던 1703년 러시아 해군에 입대했습니다. 그는 발틱 함대에 근무하면서 스웨덴과의 북방전쟁에 참여했고, 1710년부터 1712년에는 러시아-터키 전쟁에 참여했습니다. 베링은 러시아 여성과 결혼한 후 1715년 고국을 방문했지만 그 후 다시는 덴마크 땅을 밟지 못했습니다.

베링 공원(덴마크)

그는 러시아 해군으로서 매우 열심히 근무했으며 성실한 근무 자세는 러시아의 차르(황제)인 표트르 대제에게 강한 인상을 주었습니다. 빠르게 진급해 해군 대령의 지위에 오른 후 1724년 은퇴했지만 이듬해인 1725년 표트르 대제는 그를 시베리아 탐험대의 지휘관으로 임명했습니다.

■ 아시아와 아메리카는 연결되어 있을까?

당시 러시아는 아메리카 식민지 획득에 큰 관심이 있었습니다. 따라서 이 탐험의 목적은 시베리아의 북동 해안을 탐험해 아메리카로 가는 북동 항로를 찾고, 아시아와 북아메리카가 연결되어 있는지를 확인하는 것이었습니다.

1725년 2월 상트페테르부르크에서 출발한 베링 일행은 약 2년여에 걸쳐 8,000km를 육로로 이동한 끝에 시베리아를 가로질러 오호츠크에 도달했으며 이곳에서 배를 타고 캄차카 반도까지 이동했습니다. 1728년 여름에는 캄차카에서 가브리엘 호를 타고 북쪽으로 전진해 아시아와 알래스카 대륙 사이의 해협까지 항해했습니다. 후에 이 해협을 베링 해협이라고 하고, 주변 바다를 베링 해라 부르게 되었습니다.

이 탐험에서 베링은 아메리카 해안이

안개로 가려져 있었기 때문에 잘 구별할 수는 없었지만, 8월 아시아의 북동쪽 끝을 돌아 아시아와 북아메리카가 연결되어 있지 않다는 것을 확신했습니다. 또한 베링은 1728년 성 디오메데의 날(8월 16일) 해협의 가운데에 있는 섬을 발견했는데 이 섬을 디오메데 섬(다이오미드 섬)이라 이름 붙였습니다. 베링 일행은 이곳에서 추크치족들을 만나 그들로부터 신선한 물, 고기, 생선 등을 건네받기도 했습니다. 베링 일행은 그해 9월 무렵 캄차카 반도로 되돌아와서 이듬해인 1729년 6월 무렵까지 보고서를 작성하고 탐험 지역의 지도 작업을 했습니다. 그 후 얼음이 어느 정도 녹기 시작하자 동쪽을 향해 탐험을 계속하다가 방향을 돌려 1730년 상트페테르부르크로 돌아왔습니다.

■ 북방 대탐험에서 발견한 베링 섬에서의 최후

북방 대탐험(1733~1743)이라 불리는 베링의 2차 탐험은 안나 여제가 통치하는 시기에 이루어졌습니다. 1732년 베링은 새로운 대탐험대의 지휘자로 임명되었는데, 이 탐험은 과학 아카데미까지 동참하는 대규모 탐사로 이를 통해 시베리아 많은 지역의 지도 작업이 이루어졌습니다. 1733년 3월 베링 일행은 상트페테르부르크에서 출발해 1735년 오호츠크에 도착했습니다. 그곳에서 2차 탐험에 쓰일 배를 만들기 시작해 1740년 6월에 상트표트르 호와 상트파벨 호를 완성했고, 그동안 그들은 북부 시베리아를 탐험했습니다.

마침내 1741년 상트표트르 호는 베링의 지휘 하에, 그리고 상트파벨 호는 치리코프의 지휘 하에 대탐험이 시작되었습니다.

베링 섬

그들은 오호츠크를 출발해 캄차카 주변을 지나 아메리카를 향해 동쪽으로 항해했으나 폭풍우 때문에 두 배는 서로 떨어지게 되었습니다. 상트파벨 호는 항해를 계속해 알류산 열도의 섬들을 발견하고 1741년 10월 캄차카로 돌아왔지만 베링의 상트표트르 호의 운명은 비극적이었습니다. 상트표트르 호는 계속되는 궂은 날씨 속에서 알래스카 만으로 진입해 알래스카 남서 해안, 알래스카 반도, 알류산 열도 등을 탐사했습니다. 그들은 11월 무렵 육지를 발견

베링의 기념비

하고 닻을 내렸으나 배가 폭풍우에 부서져 버렸습니다. 당시 베링은 60세의 나이로 몸이 많이 약해졌으며 괴혈병으로 고통스러워했기 때문에 정찰대원들이 돌아오기 전인 12월 19일 사망했습니다. 후에 이곳이 섬이라는 것을 확인한 일행은 그 섬을 베링 섬이라 불렀습니다. 그곳에서 많은 탐사 대원들이 사망했으며 살아남은 대원들은 부서진 배 조각으로 다시 작은 배를 만들어 1742년 8월 캄차카로 돌아왔습니다.

　이후 알래스카는 해달, 바다표범, 밍크 등의 서식지로 알려지면서 러시아에 의해 모피 산지로 개발되었으나, 재정이 악화되자 러시아는 알래스카를 1867년 미국에 팔아 버렸습니다.

베링을 탐험가로 만든 나라 '러시아'

러시아 연방은 태평양 연안의 동쪽 끝에서부터 우랄 산맥 넘어 동부 유럽까지 걸쳐 있어 면적이 세계에서 가장 넓은 나라입니다. 과거 소련이라는 공산주의 국가를 이루었으나 1991년 구소련이 해체되면서 러시아를 비롯해 여러 개의 공화국이 탄생했습니다.

대개 우랄 산맥을 경계로 서쪽을 유럽, 동쪽을 시베리아라고 부르며 국토가 넓어서 매우 다양한 지형과 기후가 나타납니다. 서부의 동유럽 평원은 인구와 산업이 밀집되어 있고, 동부의 시베리아 지역은 냉대 혹은 한대 기후 지역으로 침엽수림인 타이가 지대가 널리 분포합니다. 가장 동쪽 끝 부분에 위치한 캄차카 반도와 쿠릴 열도 지역은 환태평양 조산대에 속해 화산 활동이 매우 활발합니다. 수도는 모스크바입니다.

《 교과서로 점프 》

중학교 1학년 사회 6. 유럽의 생활
러시아 북극해 연안은 한대 기후이고 동부의 시베리아는 겨울이 길고 춥기 때문에 도

시베리아의 타이가

시와 인구는 주로 우랄산맥 서쪽인 동유럽 평원에 분포하며, 주민은 대부분 슬라브족으로 그리스 정교를 믿습니다. 러시아는 추운 기후 조건으로 농업이 다소 불리하나 남서부의 초원 지대에서는 비옥한 흑토를 이용해 밀, 사탕무 등을 대규모로 재배하고 있습니다.

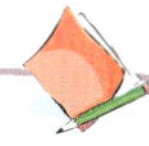 《 교과서로 점프 》

고등학교 세계지리 5. 사회주의 붕괴 이후 변화를 겪는 국가들

러시아는 무한한 가능성을 지닌 국가로 광대한 국토 곳곳에 다양한 자원들이 매장되어 있습니다. 따라서 이러한 원료 및 동력 산지에 대규모의 종합 공업지대인 콤비나트를 형성해 공업화를 추진하고 있습니다. 또한 모스크바에서 블라디보스토크까지 9,288km의 동서를 연결하는 시베리아 횡단 철도를 통해 시베

콤비나트

시베리아 횡단철도

리아 개발과 함께 국토의 균형적인 발전을 위해 노력하고 있습니다. 최초로 공산국가를 이룩했던 러시아는 1991년 소련이 붕괴함으로써 최근 자본주의 시장 경제가 도입되어 주민들의 생활 모습이 많이 변하고 있습니다.

베링이 처음 탐사한 '알래스카'

북아메리카 북서쪽 끝에 있는 알래스카는 베링이 발견해 초기 러시아의 식민지로 개척되었습니다. 그러나 1867년 러시아가 미국에 매각함으로써 미국령이 되었고 1959년 미국의 49번째 주가 되었습니다. 북쪽은 북극해, 남쪽은 태평양에 접해 있으며 서쪽은 베링 해협을 사이에 두고 러시아와 동쪽은 캐나다와 국경을 이루고 있습니다.

《 교과서로 점프 》

중학교 1학년 사회 7.아메리카 및 오세아니아의 생활

알래스카는 겨울이 길고 추운 한대 기후로 곳곳에 빙하 지형이 나타나며 지형적으로는 환태평양 조산대에 속하여 활화산이 많이 분포합니다. 알래스카의 원주민들은 원래 지금부터 1만 5,000년에서 4만 년 전인 빙하기에 아시아에서 건너왔거나 또는 아메리카 대륙에 원래 살던 사람들의 후손으로 추정됩니다. 전체 인구 중 원주민이 차지하는 비중은 매우 적으며 에스키모(이누

알류트족

이트)족, 아메리카 인디언, 알류트족 등이 분포합니다. 이들은 주로 물개, 해달, 고래 등을 수렵하면서 생활했으나 최근에는 현대 문명에 적응하면서 고유의 생활 방식이 점차 사라지고 있습니다.

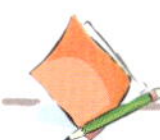

고등학교 세계지리 3.일찍 산업화된 국가들

알래스카는 초기 모피 생산지로 개발되었으나 1920년대에 금광이 발견되면서 인구가 증가했고, 1960년대에 엄청난 양의 석유가 매장된 것이 확인되어 송유관이 개통되면서 차츰 석유와 천연가스 산업의 의존도가 높아지고 있습니다. 교통편으로는 주로 항공교통을 이용하는데 주 남부의 앵커리지는 하늘의 십자로라 일컬어지는 중심지입니다. 미국 최후의 미개척지인 알래스카는 최근 극지방의 신비하고 아름다운 자연환경 및 오염되지 않은 깨끗함 덕분에 관광 산업 또한 발전하고 있습니다.

비투스 호수, 베링 빙하

에스키모(이누이트)족

■ 베링이 발견한 두 다이오미드 섬의 날짜는 서로 다르다?

베링이 1728년 발견해 이름 붙인 다이오미드 섬은 베링 해협에 위치한 두 개의 작은 섬으로 미국-러시아 국경선에 의해 서쪽에 있는 대(大)다이오미드 섬은 러시아에 속하며 동쪽에 있는 소(小)다이오미드 섬은 미국에 속합니다. 다이오미드 섬을 나누는 국경선은 지구상에서 날짜를 변경하려고 편의상 설정한 국제 날짜 변경선과 일치합니다. 지구는 자전하기 때문에 경도 15°마다 1시간씩 동쪽으로 갈수록 빨라지게 되는데 이 차이를 고려하지 않는다면 각 지역에서의 시간 계산에 큰 문제가 발생하게 됩니다. 따라서 이를 해결하도록 날짜변경선을 정한 것입니다.

이 선은 복잡함을 피하고자 사람이 많이 살지 않는 태평양의 중앙부인 경도 180°를 기준으로 만들었습니다. 같은 나라나 지역일 경우는 같은 날짜를 이용할 수 있도록 배려했기 때문에 일부 지역에서는 경도 180° 선을 벗어나 있어 날짜변경선은 반듯한 직선 모양이 아닙니다. 이 선을 경계로 서쪽이 동쪽보다 하루 빨라 서쪽에서 동쪽으로 여행할 때는 같은 날짜를 반복하고, 동쪽에서 서쪽으로 여행할 때는 하루를 더해야 합니다. 결

베링 해협의 다이오미드 섬

국 날짜 변경선에 의해 러시아의 대다이오미드 섬과 미국의 소다이오미드 섬은 불과 4km의 간격이지만 러시아 쪽이 하루 더 빠릅니다.

■ 720만 달러에 알래스카를 팔아버린 러시아

1741년 베링이 알래스카를 발견한 이후 이곳은 러시아의 식민지로 개척되었으며 해달, 밍크, 바다표범 등이 많이 서식한다는 사실이 알려지자 러시아의 모피 상인들이 진출했습니다. 그러던 중 영국을 비롯한 유럽의 여러 나라가 알래스카에 관심을 보였고 당시 터키 및 일본과 대치하고 있던 러시아는 재정적으로 어려운 상황에서 자국의 영토 관리에 큰 부담을 느끼게 되었습니다. 특히 알래스카를 둘러싼 영국과의 전쟁이 일어날 경우 러시아가 패배한다면 아무런 보상도 없이 알래스카를 빼앗길지도 모른다고 생각했기 때문에 러시아는 1867년 결국 720만 달러를 받고 알래스카를 미국에 팔아버렸습니다.

　당시 알래스카는 얼어붙은 황무
지라고 인식되었기 때문에 이 조약
을 체결했던 미국의 스워드 국무장
관은 다 빨아먹은 오렌지를 사버린
멍청이에 비유되었지만 지금은 미
국에 엄청난 부를 안겨준 영웅으로
대접받고 있습니다.

알래스카

제임스 쿡

Captain Cook James, 1728~1779 제임스 쿡은 세 차례에 걸친 대 항해를 통해 오스트레일리아와 뉴질랜드를 자세히 탐험했고 태평양상의 여러 섬을 발견했습니다. 그뿐만 아니라 미지의 남방 대륙이 존재하지 않는다는 사실을 알아냄으로써 오늘날과 같은 모양의 세계 지도를 완성해내는 위대한 업적을 남겼답니다.

■ 해군 입대로 준비된 재능을 알리다!

캡틴 쿡으로 더 잘 알려진 제임스 쿡은 1728년 영국 요오크셔 주의 작은 마을에서 가난한 농부의 아들로 태어났습니다. 쿡은 어려운 가정 형편으로 제대로 된 교육을 받지 못했지만 남달리 모든 일에 성실해 공부를 게을리하지 않았습니다. 틈틈이 수학 공부에 매진했던 쿡은 측량, 항해술, 천문학 등에 뛰어난 재능을 보였으며 이는 후일 그가 위대한 탐험가로 자리매김하는 데 큰 역할을 했습니다.

1769년 쿡의 일기

쿡은 가게 점원을 거쳐 18세에 석탄 운반선 수습 선원으로 바다 생활을 시작한 후 석탄선의 선장 자리에까지 올랐습니다. 그러나 27세 되던 해에 선장을 그만두고 런던으로 가 일개 수병 자격으로 해군에 입대했으며, 그곳에서도 성실한 자세로 노력해 승진을 계속하게 됩니다.

30세 때에는 캐나다 동부 지역을 두고 프랑스와의 '7년 전쟁'에 참여했는데, 이때 캐나다의 뉴펀들랜드 해안선을 측량해 해도를 작성했고, 이것이 작전을 성공적으로 이끌어 쿡은 숨은 재능을 인정받게 됩니다.

■ 남태평양 항해를 통해 '쿡 해협' 발견

40세 되던 해인 1768년 쿡은 태평양 과학탐사선의 선장으로 임명되면서 2년 11개월에 걸친 1차 항해를 시작합니다. 이 항해는 남태평양의 타히티 섬에서 금성을 관측하고 이와 함께 미지의 남방 대륙에 대해 탐험하는 것이 목적이었습니다.

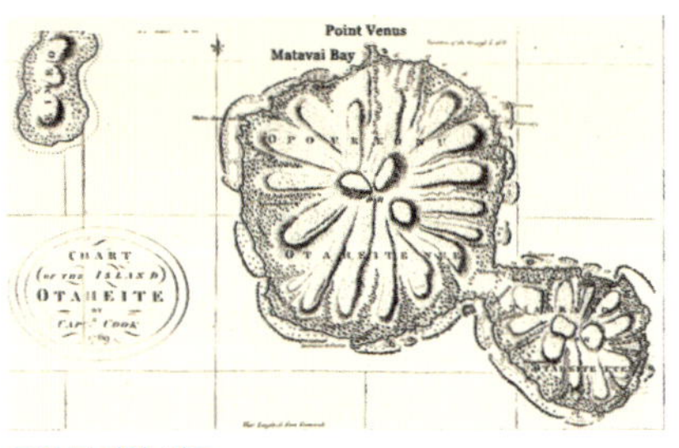

쿡의 타히티 지도

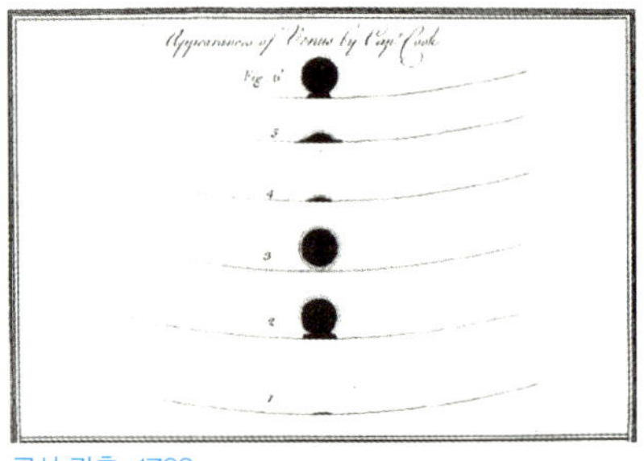

금성 관측, 1769

17세기 초 이미 네덜란드인들에게 오스트레일리아와 뉴질랜드가 발견된 후였지만 그 당시의 사람들은 또 다른 미지의 남방 대륙이 있을 것으로 생각했습니다. 그 때문에 쿡은 남위 40°까지 항해했습니다. 하지만 육지를 발견하지는 못했습니다.

그 후 쿡은 뉴질랜드를 다시 발견해 대륙이 아닌 두 개의 섬으로 이루어진 것을 알아냈으며 남섬과 북섬 사이를 쿡 해협이라고 불렀습니다. 쿡은 1770년 3월에 오스트레일리아의 동해안을 탐험하고 그곳이 영국 땅임을 세상에 알린 후 뉴사우스웨일즈라는 이름을 붙였습니다. 그 해 4월에는 오스트레일리아 북동부를 탐험하던 중 세계에서 가장 큰 산호초에 좌초되는 사고를 겪으면서 그레이트배리어리프라는 명칭을 붙이기도 했습니다. 쿡은 인도양과 남아프리카를 거쳐 1771년 7월에 6만 4천km의 대장정을 마치고 영국으로 귀환했습니다.

미지의 남방 대륙이 그려진 지도, 1628

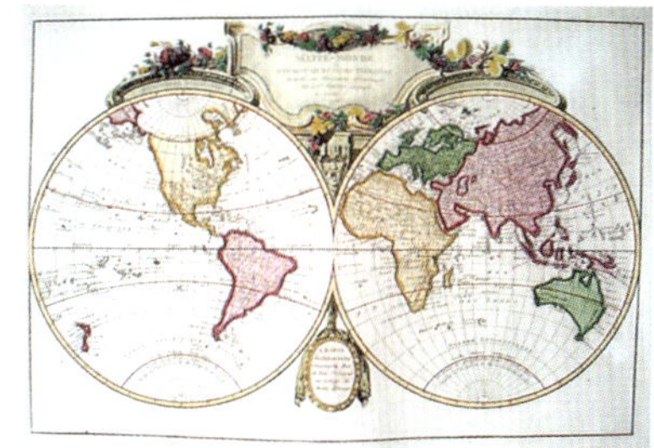

쿡의 항해 이후 그려진 세계지도, 1782

■ 대서양의 해도 완성

이듬해인 1772년 7월 쿡의 제2차 항해가 시작되었습니다. 쿡 일행은 아프리카 남단의 희망봉을 지나 그해 12월 최초로 남위 60° 지점에 도달했습니다. 1774년에는 남극해인 남위 70° 10′ 서경 106° 54′ 까지 항해함으로써 알려지지 않은 남방 대륙이 없다는 것을 확인했습니다.

그 후 남태평양을 돌아 이스터 섬, 통가, 뉴칼레도니아, 마르케사스, 사우스조치아 섬 등 여러 섬을 발견했고, 1775년 11만 2천km의 긴 여정을 마친

후 7월 영국으로 귀환했습니다.

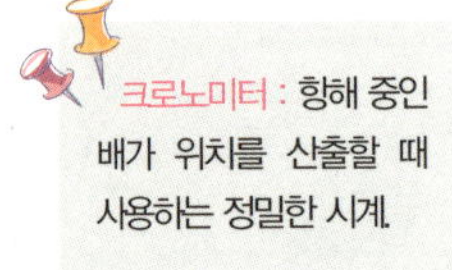

쿡은 2차 항해에서 크로노미터를 이용해 경도를 정확히 측정해냄으로써 과학적인 항해를 가능하게 했습니다. 대서양의 해도를 작성하기도 했으며, 영국 왕립 학회의 정식 회원이 되었습니다.

■ 현재 세계 지도의 윤곽을 그려내다!

1776년, 이번에는 영국에서 북극해를 거쳐 태평양으로 들어가는 북서 항로를 개척하기 위해 쿡의 3차 항해가 이루어집니다. 쿡은 희망봉을 돌아 뉴질랜드까지 간 후 거기에서 태평양으로 북진하면서 크리스마스 섬을 발견했습니다. 1778년 1월에 발견한 하와이 제도를 영국 해군 장관의 이름을 따서 샌드위치 제도라고 불렀습니다. 그 후 다시 북아메리카 연안을 북으로 따라 올라가서 알래스카 남부를 지나 베링 해협을 거쳐 그 해 8월 북극해까지 올라갔으나 두꺼운 얼음 때문에 1779년 1월 다시 하와이로 돌아왔습니다.

그러나 원주민들과의 갈등으로 그해 2월 쿡 일행은 원주민들의 습격을 당하고 그 와중

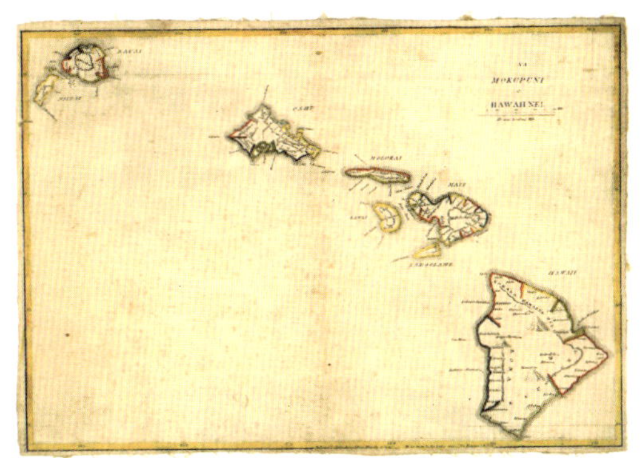

하와이 제도 : 1796년 가장 큰 섬인 하와이의 이름을 따서 하와이 제도라 부름

에 쿡은 목숨을 잃게 됩니다. 나머지 일행은 쿡의 마지막 뜻을 따라 다시 베링 해협에 들어가 북극해까지 진출했다가 1780년 10월 영국으로 돌아왔습니다.

제임스 쿡은 대서양, 인도양, 태평양, 남극해, 북극해 등을 탐험해 해도를 작성함으로써 오늘날 우리가 알고 있는 세계 지도의 윤곽을 완성해 지리학 발전에 크게 이바지했습니다. 인류 역사에 남긴 그의 위대한 발자취는 이름 앞에 붙은 캡틴(Captain)이라는 칭호와 함께 쿡 해협, 쿡 타운, 쿡 제도, 쿡 산 등에 남아 있습니다.

제임스 쿡이 새롭게 발견한 '오스트레일리아'

오스트레일리아라는 명칭은 라틴어로 남방 대륙을 뜻하는 Terra Australis에서 유래한 것으로 남쪽에 있는 나라를 의미합니다.

제임스 쿡이 미지의 남방 대륙이 존재하지 않는다는 사실을 밝히기 전까지, 많은 유럽인은 지구 운동의 균형을 맞추려면 남반구에도 북반구에 버금가는 대륙이 있을 것으로 생각하고 이를 찾는 데 많은 정열을 쏟았습니다. 그 결과 1606년경 네덜란드인들이 최초로 오스트레일리아를 발견했습니다. 그 후 태즈매니아 섬을 합쳐 뉴 홀랜드(새로운 네덜란드라는 뜻)라 불렀는데, 사실 아시아와의 향료 무역에 열중했던 네덜란드는 이 신대륙에 별 관심을 두지 않았습니다.

결국 이 곳을 자세히 탐험해 영국의 소유로 선언한 사람이 쿡이었고 그 후 영국은 이곳을 새로운 식민지로 개척하기 시작했습니다.

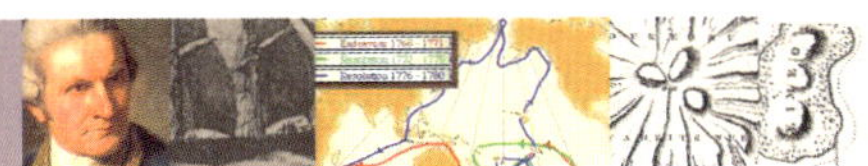

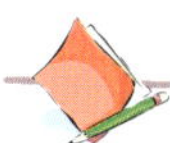

중학교 사회 7. 아메리카 및 오세아니아의 생활

오스트레일리아의 골드 코스트

오스트레일리아는 본래 어보리진의 터전이었으나, 18세기 후반 영국의 식민지로 개척되었으며 1931년 독립해 영국의 연방국가가 되었습니다. 적도 아래쪽인 남반구에 있기 때문에 우리와는 계절이 반대라서 한여름에 크리스마스를 맞이합니다. 영국의 영향을 받아 영어를 사용하고 주로 그리스도교를 믿습니다.

고등학교 세계지리 3. 일찍 산업화된 국가들

오스트레일리아는 전체적으로 동부 산지, 중앙 평원, 서부 고원으로 나누어지는데, 연 강수량 500mm 이하의 지역이 약 70%를 차지하는 이른바 건조 대륙입니다. 대륙의 서부에는 주로 사막이 분포하고 그 주변에 스텝 지역이 있어 건조한 기후가 대부분입니다. 남동 해안에는 평야가 발달해 있고 온대 기후가 나타나 인간 거주에 유리하기 때문에 주로 이곳에 도시와 인구가 집중되어 있습니다.

오스트레일리아의 '대찬정분지'

국토의 대부분이 건조 기후인 오스트레일리아는 양을 사육하며, 물 부족을 해결하고자 찬정을 개발했습니다. 찬정이란 압력을 받는 지하수의 위층을 뚫어 물이 저절로 나오게 하는 인공 우물을 말하는데, 이곳의 물은 주로 가축을 사육하는 데 이용합니다. 하지만 수온이 높고 소금 성분이 많이 함유되어 있어 인간이 먹거나 밀농사에 이용할 수는 없습니다. 국토의 대부분이 사막과 같이 건조한 곳이라서 인간이 이용하기에는 그림의 떡으로 보였던 그 넓은 곳에 신이 내려준 선물이 있다면 바로 찬정이라고 말할 수 있습니다.

대찬정분지(파란색)

《 교과서로 점프 》

중학교 사회 7. 아메리카 및 오세아니아의 생활

오스트레일리아는 건조 지역이 많아 농사에 불리했으나 '찬정'이 개발되면서 농·목업 지역이 넓어지고 있으며, 밀과 목양 중심의 상업적 농업이 발달해 생산물의 대부분을 해외로 수출합니다.

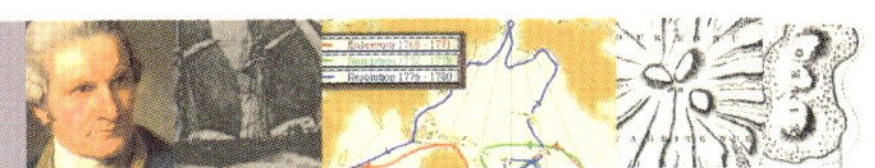

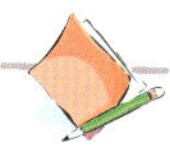

고등학교 세계지리 3. 일찍 산업화된 국가들

오스트레일리아 대륙 중앙부의 저지대에 있는 대찬정 분지는 원래 버려진 땅이었으나 1800년대 말 찬정이 개발되면서 물을 확보해 목축지역으로 이용할 수 있게 되었습니다. 이로 말미암아 오스트레일리아는 건조한 지역에까지 농·목업 지대를 넓힐 수 있었고 지금은 세계적인 양모생산국이 되었습니다. 이외에도 많은 광산물 수출과 아름다운 자연환경을 바탕으로 관광산업의 비중도 높습니다.

대찬정 분지에서의 양 사육

쿡이 발견한 두 개의 섬 '뉴질랜드'

뉴질랜드는 1642년 네덜란드인 아벨 타스만이 처음 발견했으며 명칭은 네덜란드의 해안 이름을 따서 Nieuw Zeeland라 붙인 데서 유래했습니다.

타스만은 현지의 마오리인들과 충돌하면서 이곳을 떠나게 되었고 그 후 영국의 제임스 쿡이 1769년부터 세 차례에 걸쳐 이곳을 방문하고 나서 많은 유럽인이 이곳으로 이주하기 시작했습니다.

최근에는 빙하, 피오르, 산맥, 평원, 아열대의 산림, 화산, 아름다운 백사장 등의 독특한 자연환경과 사계절을 모두 경험할 수 있기 때문에 영화 촬영지로 인기가 높습니다. 유명한 영화 '반지의 제왕'을 이곳에서 촬영하면서 더 많이 알려졌고 미국의 할리우드와 마찬가지로 스튜디오까지 마련하면서 뉴질랜드의 중요한 산업으로 발전하고 있습니다.

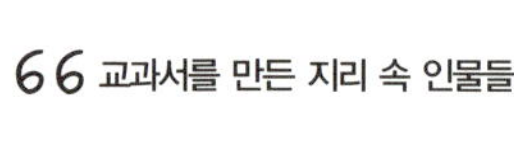

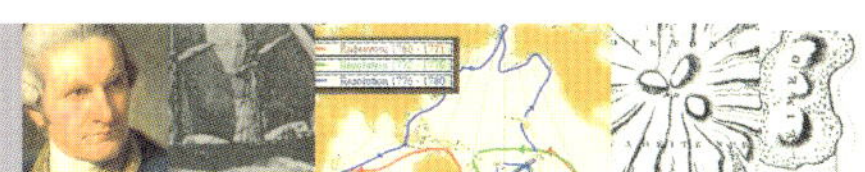

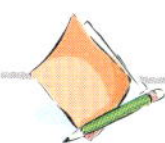

중학교 사회 7. 아메리카 및 오세아니아의 생활

뉴질랜드는 두 개의 큰 섬으로 이루어진 섬나라로 북섬은 화산과 온천이 많으며, 남섬은 빙하 지형이 나타납니다. 기후는 바다의 영향으로 온화한 해양성 기후인데, 북섬이 남섬보다 온화해 인구는 주로 북섬에 분포합니다. 원주민인 마오리족은 강인한 전사의 후예들로 지금도 자신들의 고유문화를 유지하고 있어 관광산업에 큰 몫을 하고 있습니다.

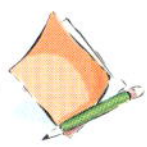

고등학교 세계지리 3. 일찍 산업화된 국가들

환태평양 조산대에 속한 북섬은 화산과 온천이 많아 지열을 이용한 지열발전소가 건설되어 있으며, 뉴질랜드 전체적으로 도시화율이 매우 높아 인구의 85%가 도시에 삽니다. 사람 수보다도 가축 수가 많을 정도로 농·목업이 크게 발달했는데, 강수량이 많은 북서쪽 사면에서는 낙농업과 소의 방목이 이루어지고, 강수량이 적은 남동쪽 사면에는 밀 재배와 목양이 이루어집니다. 최근에는 아름답고 깨끗한 자연환경을 이용한 관광산업 또한 크게 발전하고 있습니다.

지열발전소

■ '캥거루(Kangaroo)' 의 뜻이 뭘까?

쿡은 1768년 8월 368톤짜리 탐험선인 인데버(Endeavour) 호에 천문학자, 동·식물학자, 화가 등 94명의 선원을 태우고 1차 항해를 떠나는데, 이때 '캥거루' 와 관련된 일화가 생겼습니다. 쿡 탐험대가 오스트레일리아에 상륙해 지금까지 한 번도 본 적이 없는 동물을 발견했습니다. 생전 처음 보게 된 동물

당시 화가가 그린 캥거루

을 향해 '이름이 무엇이냐?' 고 묻자 원주민들이 '모른다' 는 뜻으로 '캥거루' 라고 대답했습니다. 쿡이 그 대답을 동물의 이름으로 이해했고, 이후 이 동물은 '캥거루' 라는 이름을 얻게 되었습니다.

■ 괴혈병을 고친 제임스 쿡!

16-17세기의 대항해 시대에는 굉장히 많은 선원이 괴혈병으로 희생되었다고 합니다. 당시는 냉장고가 없었기 때문에 주로 건빵이나 훈제한 고기 등을 실었는데, 선원들은 이런 음식물을 섭취하면서 잇몸에서 피가 나고 잇몸이 퉁퉁 부어오르며 나중에는 이가 빠져나가 아무것도 먹지 못하고 죽게 되었습니다. 심지어 영국 해군에서도 전투로 사망한 자보다 괴혈병으로 사망한 군인이 많을 정도로 수많은 뱃사람이 괴혈병에 시달렸다고 합니다.

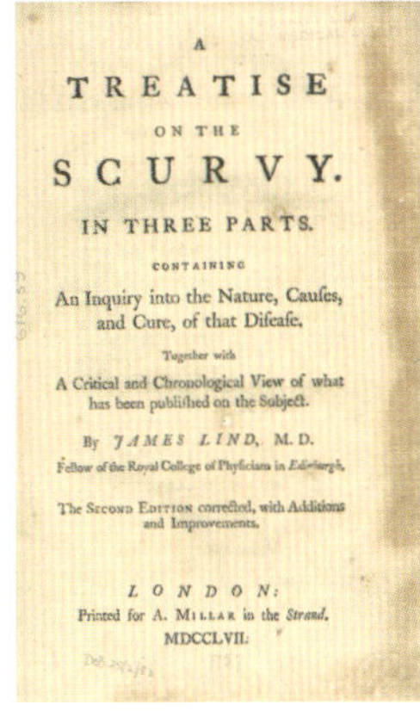

제임스 린드의
「괴혈병에 대한 논문」

이에 영국 해군의 군의관이었던 제임스 린드가 괴혈병에 관심을 두고 연구하던 중 식사에 오렌지, 레몬, 라임 같은 감귤류의 과즙을 곁들였을 때 병이 가장 빨리 낫는다는 것을 발견했습니다. 이 제안을 처음으로 받아들인 사람이 바로 제임스 쿡 선장입니다. 쿡은 배의 식량 창고에 귤의 한 종류인 라임을 많이 싣고 가도록 했으며, 소금에 절인 양배추와 과일 주스를 먹여 1770년대 항해에서는 괴혈병으로 죽은 선원이 거의 없었다고 합니다. 최근에는 신선한 채소나 과일 등으로 비타민 C를 충분히 보충해 주면 쉽게 고칠 수 있습니다.

알렉산더 훔볼트

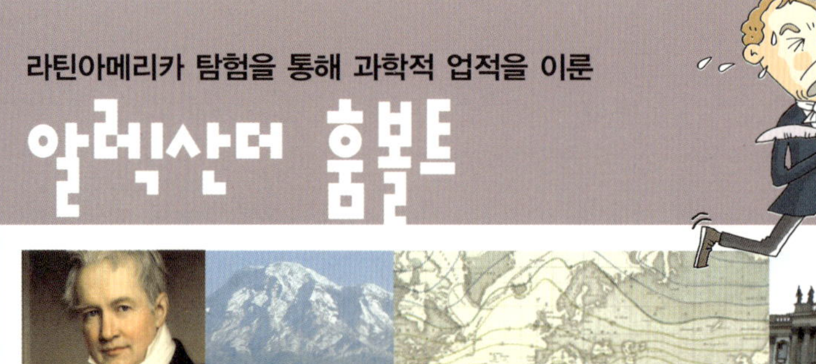

Alexander von Humboldt, 1769~1859 최근 지구온난화 등과 관련해 엘니뇨 현상을 많이 이야기하는데, 이는 페루 앞바다의 한류인 훔볼트 해류와 관련이 있습니다. 독일의 지리학자였던 훔볼트는 라틴아메리카 탐험을 통해 훔볼트 해류를 발견했을 뿐만 아니라 당시 세계 최고봉으로 알려졌던 안데스의 침보라소 산을 등반했고 중앙아시아 지역을 여행했습니다. 이를 바탕으로 조사한 많은 과학적 기록들을 통해 오늘날 자연지리학의 시조로 불립니다.

■ 다양한 분야에서 철저한 교육을 받다

1769년 독일 베를린의 귀족 가문에서 태어난 훔볼트는 10세 때 아버지가 돌아가신 후 어머니에게 엄격한 교육을 받았습니다. 그의 어머니는 그가 신분에 맞는 자격을 갖추도록 정치, 경제, 언어, 문학, 수학 등 다양한 분야를 철저하게 교육했습니다. 훔볼트는 광물학과 지질학에 특별한 관심을 보였습니다.

대학에서 광물학을 전공한 후 광산 감독관으로 일한 그는 틈틈이 주변 지역을 여행하면서 알프스 산지의 암석 구조 등에 대한 연구를 통해 재능을 발휘했습니다. 훔볼트가 27세 되던 해에 어머니마저 돌아가시자, 그는 막대한 유산을 물려받았습니다. 그때부터 광산 감독 일을 그만두고

훔볼트의 동상

언제나 꿈에 그리던 미지의 세계를 향해 여행을 떠나게 되었습니다.

■ 라틴아메리카의 등줄기 안데스 산지를 향해!

그는 과학적인 여행과 탐험을 위해서는 정확한 관찰과 기록이 필요하다고 생각해 여행에 앞서 여러 기자재를 구입하고 그 사용법을 익혔습니다. 그 후 훔볼트는 에스파냐 왕의 제안으로 에스파냐의 식민지인 아메리카 대륙을 탐험할 기회를 얻었습니다. 1799년 마침내 그는 프랑스의 식물학자인 봉플랑과 함께 라틴아메리카로 항해를 시작했습니다.

첫 여행지는 베네수엘라의 항구 도시 쿠마나로 이곳에서 약 1년 반 정도 머물면서 주변의 발렌시아 호수를 조사하고 오리노코 강에서 아마존 강으로 이어지는 미지의 정글을 탐험했습니다. 탐험을 하는 동안 훔볼트 일행은 열병에 시달리는 등 많은 고생을 했으며, 1차 탐험을 마치고 1800년 12월 쿠바의 아바나에 도착했습니다.

훔볼트 일행은 1801년 3월 다시 라틴아메리카 콜롬비아에 도착해 안데스 산지를 탐험했습니다. 이 탐험은 무덥고 습한 날씨, 정글, 말라리아 등으로 너무나 어려웠지만 훔볼트는 잠시도 쉬지 않았습니다. 그는 기압과 고도, 기온을 정확하게 측정했으며 대기의 성분을 분석하고 경도와 위도를 파악해 지도를 그렸습니다.

1802년 무렵에는 에콰도르의 키토(해발 2,850m)를 중심으로 주변의 화산 지형 및 암석을 조사했고 안데

침보라소 산

스 산맥의 최고봉인 침보라소 산(해발 6,267m)에 도전했습니다. 에베레스트 산이 발견되기 이전이었으므로 침보라소 산은 당시 세계 최고봉이었습니다. 해발 4,620m부터는 만년설로 덮여 있는 그 산을 훔볼트 일행은 산소통도 없이 약 5,668m까지 올라 산의 높이를 측정했습니다. 고산병으로 심하게 고생하면서 이를 연구해 그 원인이 산소 부족이라는 것을 알아냈습니다. 1802년 10월 훔볼트 일행은 안데스 산맥을 넘어 페루의 리마에서 잉카문명의 고고학적 발굴을 시도했습니다. 그리고 그해 12월 다시 에콰도르로 이동하면서 바닷물의 온도와 해류에 대해 연구했는데 이때 페루 내륙 지역을 건조하게 하는 이유가 해류 때문인 것을 발견합니다. 그래서 페루 앞바다의 한류를 훔볼트 해류라고 부릅니다. 1803년에는 멕시코를 탐험해 지형을 연구하고 지도를 그렸으며 각종 통계 자료를 작성했습니다.

훔볼트 일행은 두 차례의 라틴 아메리카 탐험을 마치고 1804년 쿠바의 아바나로 갔으며 다시 미국의 필라델피아를 방문해 토머스 제퍼슨 대통령을 만났습니다. 이때 훔볼트는 멕시코에 관한 자료를 전해줌으로써 미국에 큰 도움을 주었기 때문에 제퍼슨 대통령과도 20여 년간 편지를 주고받을 정도의 사이가 되었습니다.

훔볼트 일행은 5년 2개월여에 걸친 긴 탐험을 마치고 1804년 8월 프랑스에 도착했습니다.

■ 많은 과학적 성과를 이룬 자연지리학의 시조

그 후 훔볼트는 1827년까지 파리에 머물면서 라틴아메리카 탐험에서 수집한 자료들을 정리해 30권의 책을 발간했습니다. 그는 등온선, 등압선 등을 표시한 기후도를 제작해 기후학 발전에 크게 이바지했으며 젊은 과학자들의 활동에 많은 관심을 두고 그들을 적극적으로 지원했습니다.

1829년에는 러시아를 방문할 기회가 있어 시베리아를 거쳐 중국 국경지대까지 여행을 했는데, 이때 중앙아시아 지역의 지리 및 기후도 연구했습니다.

그는 마지막 30년을 베를린에서 보내면서 그의 과학적 업적을 종합해 평생의 대작 『우주(Kosmos)』(5권)를 집필했습니다. 이 책은 큰 성공을 거두어 유럽의 수많은 나라에서 출판되었고 과학의 대중화에 공헌했습니다. 그는 해류뿐만 아니라 산, 강, 만에도 자신의 이름을 남기면서 자연지리학의 시조로 높게 평가받고 있습니다.

훔볼트 저 『우주』

훔볼트가 안데스 산맥을 따라 탐험한 '라틴아메리카'

라틴아메리카란 미국과 멕시코의 국경에 있는 리오그란데 강 남쪽으로 대부분 과거에 라틴 민족인 에스파냐와 포르투갈의 식민 지배를 받은 지역을 의미합니다. 멕시코부터 칠레에 이르는 지역과 카리브 해 연안의 여러 섬나라를 포함해 약 30여 개의 독립국과 일부 식민지들이 자리 잡고 있습니다.

포르투갈의 지배를 받았던 브라질을 제외하고는 대부분이 에스파냐어를 사용하며 주민들은 대부분 가톨릭을 믿고 원주민, 백인, 흑인 간의 혼혈족이 많은 비중을 차지합니다. 대륙의 국가들은 주로 1820년을 전후해 독립했으며 카리브 해 연안의 국가들은 대개 1960년대 이후에 독립했습니다.

《 교과서로 점프 》

중학교 1학년 사회 7. 아메리카 및 오세아니아의 생활

라틴아메리카의 서부에는 높고 험준한 안데스 산맥이 남북으로 길게 뻗어 있는데 이곳은 환태평양 조산대에 속해 지진과 화산 활동이 자주 일어납니다. 적도가 지나가는 아마존 강 유역을 비롯해 라틴아메리카의 대부분은 열대 기후가 나타나며 남부 일부 지역에 온대 기후가 조금 나타납니다. 멕시코 고원과 안데스 산지는 열대 기후 지역에

안데스 산맥

고산도시 키토

속하기 때문에 저지대는 사람이 살기에 적합하지 않

고 2,000~4,000m 높이의 산지가 연중 기온이 온화해 사람이 살기에 적합합니다. 이런 기후를 고산기후라 하는데 이 지역에 원주민의 고대 문명이 발달했었으며 오늘날에도 각국의 수도 등 많은 고산도시들이 분포합니다.

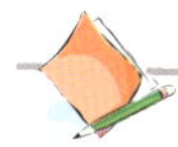
《 교과서로 점프 》

고등학교 세계지리 4. 지역 개발에 활기를 띠는 국가들

라틴아메리카는 백인의 자본과 원주민 또는 흑인의 노동력을 이용한 플랜테이션을 통해 커피, 사탕수수, 목화, 바나나 등 열대 상품 작물을 대량으로 재배하고 있으며 온대 초원에서는 소와 양을 대규모로 사육하는 기업적 목축이 이루어지고 있습니다. 최근에는 풍부한 자원과 값싼 노동력을 이용해 공업의 근대화에 힘쓰고 있으나 소수의 백인들이 토지의 대부분을 차지해 주민 간의 빈부 격차가 매우 심한 편입니다. 오랜 식민 지배로 정치적·경제적 기반이 많이 불안정해 지역 발전에 큰 장애가 되고 있습니다.

훔볼트가 기후와 지역을 연구한 '중앙아시아'

중앙아시아라 불리는 지역은 그 범위가 일정하지는 않으나 아시아 대륙 중앙부의 광대한 지역으로 대부분 사막, 초원, 고원 등으로 이루어져 있습니다. 대체로 투르크메니스탄·우즈베키스탄·타지키스탄·키르기스스탄·카자흐스탄을 합친 지역을 말하며 모두 구소련에서 독립했습니다.

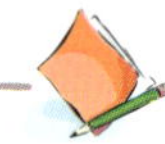

《 교과서로 점프 》

중학교 1학년 사회 6. 유럽의 생활

중앙아시아 지역은 대륙 중앙에 있어 바다의 영향을 적게 받기 때문에 전체적으로 강

타지키스탄의 파미르 고원

수량이 적은 건조 기후가 나타납니다. 다른 나라와의 국경 지대에는 세계의 지붕인 파미르 고원 등 높은 곳이 많으며 곳곳에 사막과 초원이 나타나기도 합니다. 이 지역은 과거 사막의 오아시스를 따라 비단길이 지났던 교통의 중심지로서 우즈베키스탄의 사마르칸트는 고대 도시의 관광자원이 풍부한

곳입니다. 주민들은 주로 이슬람교를 믿으며 최근에는 대규모 관개 사업을 통해 목화 및 과일 재배에 힘쓰고 있습니다.

우즈베키스탄의 이슬람 사원

《 교과서로 점프 》

고등학교 세계지리 5. 사회주의 붕괴 이후 변화를 겪는 국가들

카자흐스탄, 우즈베키스탄, 투르크메니스탄이 있는 카스피 해 연안에서는 석유와 천연 가스가 세계적으로 많이 산출되어 러시아를 지나는 송유관과 가스관을 통해 유럽의 여러 나라로 수출되고 있습니다. 가장 넓은 국토를 지닌 카자흐스탄은 석탄, 석유, 구리 등 자원이 풍부해 금속 공업과 기계 공업이 발달했으며 비교적 습윤하기 때문에 밀을 많이 재배하고 있습니다.

독일의 베를린에 있는 훔볼트 대학교는 200여 년 역사와 전통을 자랑하는 근대 대학의 출발점으로 전 세계 대학 발전에 큰 영향을 끼쳤습니다. 이 대학교는 당시 국왕이었던 프리드리히 빌헬름 3세가 1809년 독일의 교육 개혁가이자 정치가이

베를린 훔볼트 대학교

며 언어학자였던 빌헬름 폰 훔볼트의 제안을 받아들여 설립했습니다. 빌헬름 폰 훔볼트(Karl Wilhelm von Humboldt, 1767~1835)는 알렉산더 폰 훔볼트의 형으로 독일의 교육 발전에 크게 이바지했을 뿐만 아니라 언어 철학 연구에도 큰 업적을 남겼습니다. 마르크스의 모교이기도 한 훔볼트 대학은

헤겔, 피히테, 그림 형제 등이 교수를 지냈으며 1954년부터 베를린 훔볼트 대학으로 불리고 있습니다.

훔볼트 대학교뿐만 아니라 독일의 학문 연구에 크게 이바지하는 학술 재단으로 훔

볼트 재단이 있습니다. 이 재단은 동생 알렉산더 폰 훔볼트의 이름을 딴 것으로 1953년 설립되어 세계 각국의 여러 학자를 지원합니다. 매년 인문 · 자연과학 · 공학 분야에서 세계적으로 뛰어난 연구 성과를 이룩한 학자에게는 훔볼트 연구 상을 수여해 독일에서 관심 분야의 연구를 자유롭게 수행할 수 있는 연구 비용 전액을 지원하고 있습니다.

■ '고산병'의 원인을 알아내다!

훔볼트는 1802년 무렵 안데스 산맥의 최고봉인 침보라소 산(해발 6,267m)을 등반했는데, 지구가 완전 구형이 아닌 적도에서 가장 부풀어 오른 구형이라는 것을 생각한다면 이 침보라소 산은 지구 중심에서 가장 멀리 떨어진 지점이라고 할 수 있습니다.

고산 지대는 평지보다 산소량이 20% 정도밖에 존재하지 않기 때문에 그 당시 산소통도 없이 등반했던 훔볼트 일행은 고산병을 심하게 앓았습니다. 고산병이란 대개 해발고도 2,500~3,000m의 고산지대에 올랐을 때 나타나는 증세로 높은 곳에서는 기압이 내려가는 동시에 공기 속의 산소가 부족해지므로 불쾌감, 두통, 구토, 정신 혼미 등이 나타납니다. 그는 고산병을 연구해 그 원인이 산소 부족이라는 것을 최초로 알아냈습니다.

쉬어가는 페이지 I

지리 속 영역과 기후

우리나라는 정말 작은 나라일까?

우리나라는 옛날부터 '동방의 작은 반도국' 이라 불렸습니다. 그런 만큼 지구의를 돌려서 한 번에 우리나라를 찾아낸다는 것은 여간 어려운 일이 아닙니다. 하지만 지구상의 200개가 넘는 나라 중에서 우리나라는 정말로 작은 나라일까요? 선진국이라는 나라들만 보아도 우리보다 작은 나라들이 많습니다. 면적으로 볼 때 우리나라는 중간 정도의 규모입니다. 단지 세계 지도를 만드는 방법[圖法, 도법]상 각도가 정확한 지도를 만들다 보니 극지방으로 갈수록 면적이 과장되게 표현되어 우리나라가 상대적으로 작게 보이는 것입니다. 우리가 사는 대한민국은 결코 작은 나라가 아닙니다.

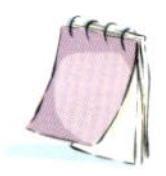

우리나라 해발고도의 기준은 어디일까?

한반도에서 산이 차지하는 비중은 70% 정도입니다. 그 많은 산의 높이는 어느 정도일까요? 우리는 산의 높이를 '해발고도 ○○m' 라는 식으로 표현합니다. 그렇다면 해발고도의 기준은 어디가 될까요?

'해발고도' 란 기준 해수면으로부터의 높이를 말하는 것인데 기준 해수면은 나라마다 조금 차이가 있습니다. 예를 들어, 우리 민족이 자랑스러워하는 명산 백두산의 높이만 보더라도 대한민국에서는 2,744m, 북한에서는 2,750m, 중국에서는 2,749m라고 말합니다. 대한민국의 기준 해수면은 인천 앞바다로 조석간만의 차가 커서 기준 수위를 정하기 쉽지 않습니다. 그래서 1913~1916년 검조장(檢潮場, 해수면 높낮이를 관측하던 기관)이 4년간의 해수면 높이를 꾸준히 측정해서 평균치를 얻었고 현재 인천광역시 남구 용현동 인하공업전문대학 자리를 국토 높이 측정의 기준으로 정했습니다.

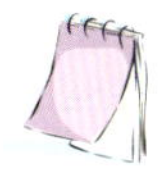

집중호우란 무엇인가?

매년 여름철이 되면 우리는 엄청난 풍수해를 겪게 됩니다. 아마도 수재의연금을 내보지 않은 때가 없었던 것 같습니다. 많은 인명피해와 재산피해를 준 자연재해 중에서 우리나라에 가장 큰 피해를 주는 것은 폭우입니다.

그중에서 최근 집중호우라는 말을 자주 듣습니다. 짧은 시간에 좁은 지역에서 많은 양의 비가 내리는 현상을 말하는 집중호우는 원래 언론에서 사용하던 말이지만 현재는 거의 기상용어로 사용합니다. 집중호우에 대한 명확한 정의는 없지만 일

반적으로 한 시간에 30㎜ 이상이나 하루에 80㎜ 이상의 비가 내릴 때, 또는 연 강수량의 10%에 상당하는 비가 하루에 내리는 경우를 말합니다.

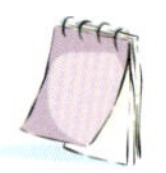

구름은 무거운데도 어떻게 떨어지지 않을까?

가로·세로·높이가 각각 1m인 $1m^3$ 크기 구름은 보통 물방울 0.5g을 포함합니다. 따라서 $1㎞^3$ 크기 구름은 50만kg이라는 엄청난 무게가 됩니다. 그런데 이렇게 무거운 구름이 어떻게 땅으로 떨어지지 않고 비행기처럼 하늘에서 떠다닐 수 있을까요? 그 이유는 미세한 입자들의 알갱이 하나하나가 질량이 아주 작기 때문에 약한 기류만 있어도 기류를 따라 흘러가면서 떠 있을 수 있기 때문입니다.

체감기온은 어떻게 계산할까?

"내일 아침은 오늘과 마찬가지로 −5℃의 최저기온을 보이겠지만 바람이 오늘보다 강하여 체감기온은 더 많이 떨어지겠습니다."라는 식의 기상리포터의 말을 들어본 경험이 있을 것입니다. 여기서 체감기온이라는 것도 온도계로 측정이 가능한 것일까요?

체감기온에 영향을 미치는 것은 바람의 속도를 나타내는 풍속입니다. 기상청에서는 체감기온을 '외부에 있는 사람이나 동물이 바람과 한기에 노출된 피부로부터 열을 빼앗길 때 느끼는 추운 정도를 나타내는 지수' 로 정의하고, 바람의 속도는 지상 10m 지점에서 관측합니다. 현재 기상청에서 사용하는 체감기온을 계산하는 공식을 보면 (13.12+0.6215×기온)−(11.37×풍속의 0.16 +0.3965×풍속의 0.16)입니다.

건조한 곳에서라면 200℃ 더위도 이겨낼 수 있다?

오래전부터 많은 건설 노동자들이 중동에 파견되어 일을 하고 있습니다. 40℃를 오르내리는 그 뜨거운 곳에서는 10분만 일해도 땀으로 흠뻑 젖게 될 것으로 생각합니다. 아마도 쉬는 시간이 되면 냉방시설이 잘 되어 있는 사무실로 몸을 피하고 물을 많이 마실 것 같습니다.

하지만 노동자들의 말을 빌려 보면 일을 하다가 잠시 그늘에 들어가 있기만 해도 바로 땀도 식고 더위도 느끼지 않게 된다고 합니다. 기온이 32℃, 습도가 96% 정도면 움직이지 않아도 온몸에 땀이 흘러내립니다. 하지만 습도가 48% 정도로 떨어지게 되면 35℃ 정도가 되어야 땀이 난다고 합니다. 다시 말해서 기온이 높아도 습도가 낮으면 더위를 웬만큼 참을 수 있다는 말입니다. 그렇다면 사람은 어느 정도의 더위까지 견딜 수 있을까요?

미국 공군 우주비행사 훈련 과정 중 건조한 실내에서 알몸으로는 204℃, 옷을 입은 상태에서는 260℃까지 이겨낸 기록이 있다고 합니다.

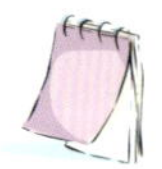

쌓인 눈의 무게는 어느 정도일까?

여름에 집중호우와 같은 폭우로 큰 피해를 본다면, 겨울에는 폭설로 비닐하우스를 비롯해 많은 시설물이 무너지는 피해를 봅니다. 하얀 눈송이가 내 몸에 떨어질 때 마치 솜털과 같은 가벼운 느낌이 듭니다. 하지만 계속 쌓이고 다져진 눈은 상상을 초월할 정도로 무거워집니다.

눈의 평균 밀도를 0.3으로 가정하면, 50㎡ 넓이의 지붕에 50cm의 눈이 쌓였을 경우 무게가 7.5t이나 됩니다. 체중 75kg의 어른 100명이 한꺼번에 지붕에 올라가 있는 것과 같으니 비닐하우스가 제아무리 튼튼하게 지어졌다고 하더라도 이겨낼 수 있을까요?

두 얼굴의 오존

우리나라에서도 심심찮게 여름철 오후 시간에 '오존주의보' 발령 소식을 듣게 됩니다. 오존은 해마다 봄철에 찾아오는 황사처럼 여름이면 찾아오는 불청객입니다.

분명히 오존은 두 가지 얼굴이 있습니다. 강한 산화력이 있어 하수의 살균, 악취제거 등에도 사용되며 오존층은 생명체에 해로운 자외선을 95~99%까지 흡수해줍니다.

그러나 남극 상공의 오존층이 파괴되어 오존홀이 나타나면 오스트레일리아나 뉴질랜드에서는 야외 활동을 중단하라는 경고 방송이 나온다고 합니다. 지표면에 생성되는 오존은 대기 오염물질이 되어 버리고 그럴 때 우리나라에서는 오존주의보를 지역별로 발표해 어린이나 노약자의 외출이나 무리한 운동을 삼가 달라고 경고합니다.

❋ 동서양을 잇는 제국의 설립자 **칭기즈칸** ❋ 중국 남해 원정을 처음으로 시도한 선구자 **정화** ❋ 아프리카를 돌아 인도로 간 **바스코 다 가마** ❋ 제국주의 식민 지배의 출발을 알린 항해가 **콜럼버스** ❋ 아스텍 제국을 짓밟고 멕시코를 정복한 **코르테스** ❋ 황금의 나라 잉카 제국을 무너뜨린 **피사로** ❋ 쉬어가는 페이지 – **지리 속 지형과 환경**

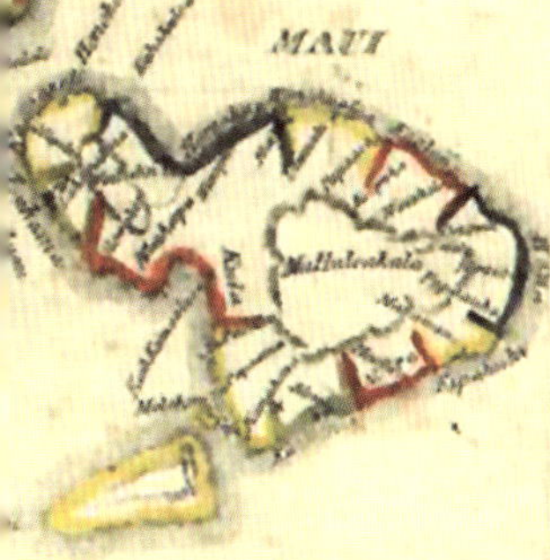

제 2 장

정복활동을 통해 새로운 세계를 발견한 인물들

칭기즈칸

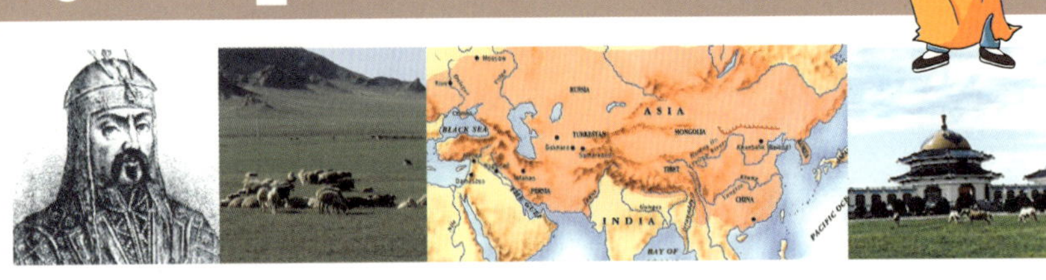

成吉思汗, 1162(?)~1227 몽골 제국의 등장으로 유라시아 대륙이 하나로 통합되었습니다. 몽골은 유라시아 대륙의 역사를 하나로 녹여 버리는 용광로와 같았습니다. 몽골인들이 역사 전면에 나서기 이전에는 동양과 서양은 각각 별개로 움직여 왔습니다. 이런 점에서 몽골 제국을 일으켜 세운 칭기즈칸은 진정한 세계사의 탄생을 알리는 선구자였으며 이때부터 동서 간에 대대적인 인적·물적 교류가 이루어지게 됩니다.

■ 불행한 어린시절을 보낸 칭기즈칸

칭기즈칸의 출생 연도에 대해서는 여러 가지 설이 있어 정확하지 않습니다. 오른손에 핏덩이를 쥐고 태어난 것으로 전하는 칭기즈칸의 본명인 테무친은 그의 아버지인 예수게이가 자신이 굴복시킨 바 있는 타타르족 두목 이름을 따서 붙인 것입니다.

칭기즈칸

그의 유년시절은 결코 행복하지 않았습니다. 9살 때 몽골 왕족 보르지긴족의 후예인 아버지 예수게이가 그의 부족과 오랜 불화 관계에 있던 타타르족에게 독살되었습니다. 예수게이가 죽자 부족 사람들은 예수게이의 적이었던 타이치우트 일가의 사주를 받아 예수게이의 미망인 호엘룬과 그 자녀의 권력을 빼앗았습니다. 아버지의 죽음으로 테무친은 장남으로서 어머니와 함께 가족을 이끌어야만 했고 풀뿌리에 의지하며 살아가는 어려운 어린 시절을 보내게 됩니다.

나이 15세에 어린 시절부터 약속되어 있던 보르테 위진과 결혼하고 자신의 세력권을 형성하고자 했습니다. 그의 심복 보오르추와 동생들인 활의 명사수 조치카사르, 도끼로 나무를 조각하는 벨구테이는 이미 훌륭한 전사가 되어 있었습니다. 그러나 예수게이의 세력이 이미 무너졌고, 많은 몽골씨족이 경쟁하는 상황에서 강력한 외부의 지원 없이는 부족을 일으켜 세우기 어려운 시기였습니다.

■ 몽골제국을 통일하고 '칸'의 칭호를 받다!

테무친도 아버지처럼 부족장이 되려 했으나 거기에 만족하지 않고 힘을 키워 갔습니다. 이를 위해 충성을 다하는 근위병들을 모집해 옆에 두는 한편 대항하는 세력들을 계속 제거해 갑니다.

최대의 대항 세력인 타이치우트 일가와 자신을 견제했던 자무카에게 큰 타격을 입히고 실력자가 되었으며, 1189년 무렵 몽골씨족 연합의 맹주로 추대되어 칭기즈칸이라는 칭호를 받게 되었습니다.

'칸'은 5세기 유연이 처음 사용했던 군장의 칭호로 몽골고원의 군주들이 이를 사용했으나 9세기 위구르의 몰락 이후 이 이름을 사용할 만한 계승자가 없었습니다. 종교 지도자였던 코코추는 영원한 푸른 하늘이 모든 몽골과 투르크인의 칸, 칭기즈칸으로 테무친을 선택했다고 선언했습니다. 샤머니

즘에서 텡그리는 하늘을 지배하는 신이었으며 칭기즈는 땅을 다스리는 신이었습니다.

그러나 뒤에 제국 최고 주술사인 코코추를 처형한 것에서 보듯, 칭기즈칸은 종교적 세력이 자신의 권력을 견제하는 것을 허락하지 않았습니다. 날로 세력을 확장하던 그는 1201년 자다란 부족의 자무카를, 이어 타타르 · 케레이트 부족을 멸하고 군제를 개혁한 후 다시 서방의 나이만 부족을 무찔러 마침내 1204년 몽골 초원을 통일했습니다.

■ 실크로드를 다시 연 칭기즈칸

칭기즈칸은 즉위하던 해 케시크테이라는 친위대를 결성하고 특권을 부여해, 몽골 유목 군단의 최정예 부대로 만들었습니다. 이듬해부터 서하(西夏)를 침공하고, 1211년 이후 금(金)을 토벌해 중도(中都;지금의 베이징)에 입성했습니다(1215).

1219년에는 이슬람 세계의 강자 호라즘국에 파견한 사절이 살해되자 정벌 길에 오르며 대 제국을 건설하게 됩니다. 그는 정복한 땅을 아들들에게 나누어 주어 후일 4칸국(汗國)의 기초가 되게 했고, 몽골 본토는 막내 툴루이에게 주었습니다. 그러나 20여 년에 걸친 몽골군의 살상과 약탈은 유럽·아시아 각지를 공포에 몰아넣었습니다. 이 같은 잔혹한 행위의 원인을 단순한 복수나 다른 문화에 대한 가치 부정으로만 볼 수는 없습니다. 몽골인은 수렵과 전쟁을 동일시하여 전쟁에서의 살상을 사냥감 죽이는 것과 같은 것으로 간주했다고 할 수 있습니다.

실크로드의 대상(隊商, caravan)

칭기즈칸의 업적으로는 전무후무한 대제국을 건설해 비단길(Silk Road)을 다시 열었고, 마르코 폴로와 그리스도교 선교사들로 하여금 아시아를 왕래할 수 있게 한 것을 들 수 있습니다. 동서양의 문화교류는 가장 큰 업적인데 특히 위구르 문화를 사랑해 아들들에게 위구르 문자를 배우게 했고 몽골의 공식적인 문자로 채택했습니다. 후일 이 문자를 바탕으로 몽골문자와 만주문자가 만들어졌습니다. 1206년에 만든 법전은 상당한 권위를 지닌 것이었으며 몽골법과 통치방식은 초기 러시아 제도에 중대한 영향을 미쳤습니다. 그는 비록 여러 문화를 파괴했지만, 종교나 소수 민족 문제 등에는 관대했으므로 그에 대한 평가는 다르게 나타납니다. 아직 중국과 러시아에서는 비난의 목소리가 크지만 몽골에서는 그에 대한 평가가 다시 이루어지고 있습니다.

칭기즈칸을 낸 유목민의 나라 '몽골'

몽골은 중국의 위쪽에 있는 나라로 면적은 아시아에서 여섯 번째로 넓지만 인구는 가장 적은 편입니다. 수도는 울란바토르이며 인구는 250만 명 정도입니다. 국토의 약 4/5가 완만한 초원으로 목초지가 좋아 몽골인들은 수백 년 동안 가축을 키우는 유목생활을 했습니다. 1990년까지 사회주의 중앙계획경제를 채택했던 몽골은 이후 1992년 새 헌법을 제정하는 등 민주화 개혁 과정에서 시장경제로 전환했습니다. 그러나 많은 어려움 속에 진행된 시장경제로의 전환은 인플레이션, 실업 증가, 생필품 부족, 식량배급 등의 결과를 낳았습니다.

여전히 전체 노동력의 거의 절반이 농업에 종사하고 있으며 축산물이 전체 농산물 수익의 약 70%를 차지합니다. 제조업이 발달하지 못했기 때문에 자본재와 소비재는 대부분 수입해야 하며 공업은 대부분 울란바토르에 몰려 있습니다.

전통가옥 겔

중학교 1학년 사회 5. 아시아 및 아프리카의 생활

몽골의 문화생활은 수백 년 동안 내려온 전통과 새로 나타난 근대적 요소가 섞여 있습니다. 몽골의 전통 축제 가운데 가장 유명한 것은 해마다 건국기념일인 7월 11일에 시작되는 나담 축제입니다. 이 축제에서는 남자들을 위한 씨름·활쏘기·경마 등 세 가지 경기를 벌여 용맹성을 겨룹니다.

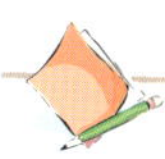

고등학교 세계지리 5. 사회주의 붕괴 이후 변화를 겪는 국가들

몽골의 뚜렷한 대륙성 기후는 강수량이 매우 적고 기온 변화가 잦으며 기온 차가 큰 것이 특징입니다. 겨울은 춥고 맑으며 건조해 거의 눈이 내리지 않고 여름은 따뜻하지만 짧습니다. 연간 강수량은 북부 산악지대는 350mm이고 고비 사막은 100mm 정도가 되는데 매년 봄철이 되면 고비 사막의 모래 먼지가 편서풍을 타고 우리나라를 비롯해 동북아시아와 멀리 태평양의 하와이까지 이동하는 황사현상이 나타납니다.

몽골의 양떼들

■ 몽골에 부는 탄생 800주년 '칭기즈칸' 바람

　2006년은 칭기즈칸이 제위에 올랐던 1206년으로부터 800주년이 되는 해로 몽골 정부가 칭기즈칸 되살리기를 주도하고 있습니다. 1990년 공산주의가 붕괴할 때까지 70년간 공산 통치 기간에 몽골 정부는 칭기즈칸을 봉건시대의 강압적인 통치자로 규정하고 그의 이름과 유산, 심지어 그의 후손이라고 주장하는 몽골 귀족까지도 학살했던 것과 비교할 때 지금의 모습은 상상할 수도 없던 일입니다.

　칭기즈칸 시대의 영광을 되살리고 이를 활용하는 관광산업을 활성화하려는 몽골 정부의 의도가 짙게 깔려 있습니다. 우선 수도의 공항 이름을 울란바토르에서 칭기즈칸의 이름을 따서 개칭하자는 의견도 있고, 아예 공산 통치 기간에 지어진 울란바토르라는 수도 지명을 칭기즈 시티로 바꾸자는 얘기까지 나오고 있습니다.

울란바토르 전경

새로 지은 칸의 마우솔레움(기념묘역)

아시아와 유럽 두 대륙을 지배했던 칭기즈칸은 몽골 이외의 지역에서는 야만과 포악의 상징이지만 몽골에서는 질서와 문명, 그리고 국력을 아시아에서 유럽까지 뻗친 영웅으로 추앙받고 있습니다.

■ 몽골 문화와 닮은꼴 우리 문화

우리나라와 몽골은 언어 · 인종 · 민속 · 역사 등에서 비슷한 점이 많습니다. 우리 민족의 뿌리가 예맥족이나 북방 유목민들과 맞닿아 있었고 고려 때는 몽골의 지배를 받으면서 두 나라 간 문화적 유사성이 더욱 깊어지게 되었을 것입니다. 당시 고려인으로서 몽골어를 모르면 세계인으로 활동할 수 없었고, 지식인 행세를 하려면 몽골식 이름 하나쯤은 있어야 했습니다.

1990년대 몽골과 국교가 수립되어 그동안 궁금해하던 몽골의 민속들이 답사를 통해 밝혀지면서 우리 문화의 원형이 몽골에 있는 것처럼 알려지기도 했습니다. 그 대표적 예로 제주도의 '하루방'과 몽골의 '훈촐로(석인상)', 우리의 '서낭당'과 몽골의 '어워(돌무더기, 돌탑)'가 비교되고 있습니다.

정화

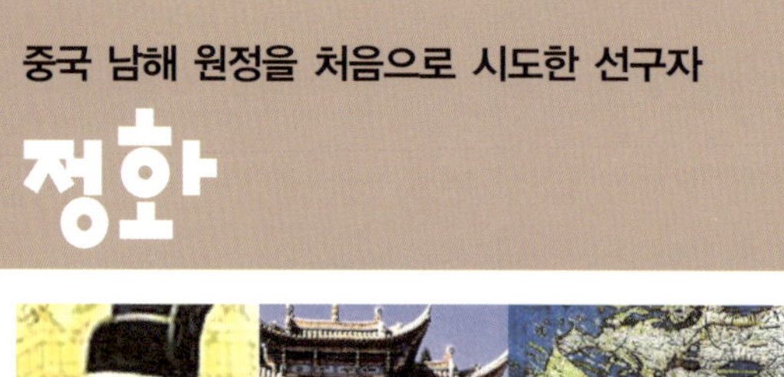

鄭和, 1371~1435 중국 사람들은 세상의 중심을 중국이라 여기는 자부심이 강한 것으로 유명합니다. 그런데 만일 명나라 정화 함대의 국외 원정이 계속 되었고 후손들이 계속 그의 뜻을 이어갔다면 어떻게 되었을까요? 지금 전 세계는 중국의 잠재력에 놀라고 있습니다. 하지만 정화는 이미 중국의 강대한 힘과 잠재력을 전 세계에 알려 주었습니다. 중국은 지금 또 다른 정화의 국외 원정을 준비하고 있는지 모르겠습니다.

■ 이슬람교도 마화에서 환관 정화로

정화는 운남 사람으로 본명은 마삼보(馬三保)였고 메카에 성지순례까지 다녀온 이슬람교도 하지의 아들로 태어났습니다. 그의 선조는 부하라 무하마드 왕의 후예로 원대(元代)에 윈난 성 총독을 지냈다고 합니다. 마씨 성은 무하마드의 중국식 표기입니다.

영락제(永樂帝, 1360~1424)
명나라 제 3대 황제

정화가 10세가 되던 1381년, 원의 중국 내 마지막 점령지였던 윈난성은 새로운 왕조인 명 군대에 정복되었습니다. 그 당시 마화(馬和)로 불리던 어린 정화는 그때 사로잡혀 거세(去勢, 생식 기능을 잃게 함)된 후 다른 소년들과 함께 명령을 전하는 병사로 명의 군대에 편입되었습니다. 1390년 이 군대는 연왕(燕王 ; 후일 영락제)의 지휘 아래 들어가게 되었습니다.

마화는 부대 안에서 전투와 외교에 능한 하급 군관으로 두각을 나타냈으며, 궁중의 인사들과도 교제하게 되었습니다. 이후 환관이 되어 궁정의 법도를 배우고 공부했으며 연왕이 그의 조카 건문제를 폐위시키고 황제가 되는 과정을 함께 하게 됩니다. 그러면서 여러 차례 공을 세워 궁중에서 막강한 영향력을 가진 마화에게 정(鄭)이라는 성을 내렸습니다. 마화는 이때부터 정화라는 이름으로 알려지게 되었습니다.

■ 총사령관 정화의 남해 원정

영락제가 통치하는 동안 그 이전 전쟁으로 어려움에 빠졌던 중국 경제는 급속히 회복되었으며, 명은 남아시아와 동남아시아의 여러 해양국을 복속시킴으로써 그 해군력을 과시했습니다. 당시 중국은 300년 전부터 국외로 그 세력을 확장시켜 나가고 있었습니다. 그리하여 향료와 방향제에 대한 중국인의 기호를 만족시키고, 공업용 원자재의 수요를 충족시키고자 대규모의 해상무역을 하고 있었습니다. 중국을 찾는 외국 여행자와 인도인 및 이슬람교도 방문객들이 중국인들에게 세계 지리에 대한 지식을 더해주었고 조선술과 항해술도 명나라 초기에 크게 발전했습니다.

기록에 의하면 영락제는 그가 폐위시킨 조카 건문제의 행방을 비밀리에 탐색하고 명나

라의 국위를 선양하고자 정화의 남해 원정을 생각했다고 합니다. 그 당시는 장쾌하고 모험심이 강한 서유기가 베스트셀러인 시대였습니다. 정화의 원정은 서유기적인 영락제의 공상과 꿈을

싣고 강행한 것입니다. 당나라 이래 이미 이슬람 상인들은 이국적인 기이한 서양 물품들을 많이 실어 왔었고 이러한 서양 풍물이 호사를 즐기는 영락제에게 구미가 당겼습니다. 영락제 때의 서양은 오늘날 유럽이 아니고 푸젠성의 찬조우를 중심으로 선을 긋고 동쪽은 동양 서쪽은 서양이라고 했습니다.

드디어 '서양(西洋)' 방문 해상사절단의 총사령관으로 임명된 정화는 1405년 62척의 배와 2만 7,800명의 인원을 거느리고 원정에 나섰습니다. 그의 선단은 참파(지금의 베트남)·시암·말라카·자바를 방문하고, 인도양을 건너 캘리컷·코친·실론(지금의 스리랑카)을 방문한 후 1407년 중국으로 돌아왔습니다.

■ 동남아시아에 중국 식민지를 건설한 정화

그 후 제2~6차 원정에서 정화는 동남아시아, 인도, 페르시아 만, 아라비아 반도, 아프리카 동부 해안 등을 차례로 방문했습니다. 이때 각국의 외교

사절단을 중국으로 데려와 경제적 · 문화적 교류를 촉진했습니다. 하지만 1424년 영락제가 죽은 후 새로 등극한 홍희제(洪熙帝)는 정책을 바꾸어 해상 원정을 중단시켰고 정화는 난징

복원한 정화의 배

의 위수 사령관으로 임명되었습니다. 정화는 1431년 겨울 마지막 7차 원정을 떠나 동남아시아 · 홍해 등지를 방문한 후 1433년 여름 중국으로 돌아와 1435년에 죽었습니다.

정화는 영락제의 외교사절 가운데 가장 잘 알려진 사람이었습니다. 일부 역사가들은 정화의 국외 원정이 영락제의 허영을 만족시켜준 것 이외는 별다른 성과가 없었다고 평하기도 하지만, 원정의 결과 중국은 그 후 반세기 이상 동남아시아 국가들에 대한 영향력을 행사할 수 있었습니다. 그의 원정이 유럽의 상인 · 탐험가들의 항해 결과와는 달리 중국을 무역대국으로 만들지는 못했습니다. 하지만 중국인의 국외 이민이 늘어나게 되어 동남아시아에 중국의 식민지를 만들 수 있게 되었고, 19세기까지 지속된 조공무역이 시작된 계기가 되었습니다.

정화의 명성은 오늘날까지 남아시아와 서아시아에 전해 내려오고 있습니다. 당시 수행원들이 쓴 『서양번국지』 등 여행기나 견문록이 간행되어 중국인 사이에 남아시아나 인도 등지에 관한 지식이 높아지고 이민도 활발해졌습니다. 오늘날 동남아시아에서 활약하고 있는 수많은 화교의 조상을 더듬어 보면, 이때 이후에 이민한 사람들이 많다는 사실을 발견할 수 있습니다.

정화의 첫 원정지 '동남아시아'

동남아시아는 아직도 농업이 산업에서 차지하는 비중이 큰 지역입니다. 벼농사는 고온다습한 동남아시아에 가장 적합한 농업으로 반도의 삼각주

지대나 섬의 해안 지역은 거의 논으로 이용되고 있습니다. 특히 타이, 미얀마, 베트남 등지는 쌀 생산이 많은 나라지만 원래 이 지역에서는 대부분 자급자족 형태로 농사가 이루어지고 있습니다. 이외에도 다양한 농작물이나 광산물의 생산이 지역에서 차지하는 비중이 매우 큰 편으로 경제적으로는 대부분 낙후되어 있습니다.

하지만 동남아시아는 값싼 노동력과 인구 5억이 넘는 거대한 시장, 풍부한 자원, 편리한 해상 교통 등 유리한 조건이 있습니다. 따라서 이 지역 내 경제협력기구인 아세안(ASEAN)에 속한 나라들은 경제 협력을 통해 국가 간의 상호 보완적 분업 체제를 구축할 경우 새로운 경제 지역으로 발전할 것으로 기대됩니다.

중학교 1학년 사회 5. 아시아 및 아프리카의 생활

이 지역은 쌀 생산량이 많아 세계적인 인구 밀집 지역을 이루고 있습니다. 그러나 너무 많은 인구가 모여 살기 때문에 많은 쌀을 생산해도 식량이 부족한 나라들이 많습니다. 과거에는 유럽인들이 이 지역에 진출해 천연고무, 사탕수수 등 열대 상품 작물을 대량으로 재배하는 플랜테이션 농업을 발전시켰으나, 최근에는 현지인들이 경영하는 농장이 증가하고 있습니다.

고등학교 세계지리 4. 지역 개발에 활기를 띠는 국가들

우리나라는 천연자원이 부족해 동남아시아에서 많은 원료를 수입하고 있습니다. 이 지역 국가들은 우리나라의 경제 발전 경험과 기술이 필요하기 때문에 상호 협력이 이루어지고 있습니다. 우리나라 기업들은 이곳의 값싼 노동력을 이용하고 각국의 무역 규제를 뚫으려고 현지에서 의류, 신발, 전기 제품 등을 생산하고 있습니다.

베트남의 수도 하노이

베트남의 하롱베이

유목 생활에서 석유로 부자가 된 '서남아시아'

서남아시아는 아시아, 유럽, 아프리카를 연결하는 길목에 있어 사람들의 왕래나 교역이 활발하게 이루어졌던 곳입니다. 티그리스 강과 유프라테스

강 유역에는 메소포타미아 문명이 발달했듯이 이 지역은 일찍이 인류의 문명이 꽃피었습니다.

한편 이 지역은 대부분 건조기후 지역으로 강수량이 적어 건조한 초원이 나 사막이 나타납니다. 따라서 이 지역 주민들은 일시적으로 조성되는 초원을 이용해 유목 생활을 해왔습니다.

그런데 지난 20세기 초 이란에서 석유가 처음 발견되면서 이 지역은 엄청 난 변화를 겪었습니다. 처음에는 산유국들이 선진국의 자본과 기술에 의존할 수밖에 없었지만 차츰 국유화하면서 낙후된 경제를 석유 경제로 전환했습니다. 또한 민족주의 운동의 영향을 받아 국제 석유 회사에 대항하기 위한 단결의 필요성으로 1960년에는 석유수출국기구(OPEC)를 결성했습니다.

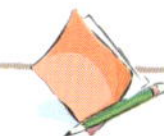

중학교 1학년 사회 5. 아시아 및 아프리카의 생활

이라크의 유목민

이 지역 주민의 대부분은 아랍인이며, 언어는 아랍어가 중심이지만 민족에 따라 여러 언어를 사용하고 있습니다. 또한, 이 지역에서는 주로 고립된 오아시스를 중심으로 부족 단위의 도시가 형성되었기 때문에 나라별로 민족과 종파가 달라 복잡한 문화적 특성을 보이고 있습니다.

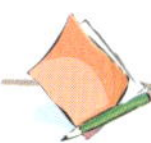

고등학교 세계지리 4. 지역 개발에 활기를 띠는 국가들

중동의 상업도시 두바이

석유의 발견은 이 지역의 오아시스 농업이나 유목 등 생활 전반에 영향을 미치고 있습니다. 석유에서 얻은 돈으로 사회 기반 시설이 건설되었고, 석유가 고갈될 시기를 대비해 국제·금융 중심지, 첨단 산업 도시 등을 개발하고 있습니다. 그러나 석유개발은 도시화의 폭발적인 진행으로 농촌의 황폐화와 각종 도시 문제의 원인이 되었습니다. 또한 급속한 경제 발전은 가치관의 혼란을 일으켰고, 외국인 노동자들의 유입도 여러 사회적 문제로 이어졌습니다.

■ 모두 불태버린 정화 함대의 기록

정화 함대의 강력한 후원자인 영락제는 1424년 타타르족을 정벌하러 갔다가 병으로 죽게 됩니다. 손자인 선덕제가 과거의 영광을 되살리려는 의도로 실시한 1431년의 제7차 대항해를 끝으로 명나라는 바다를 닫아 버렸습니다. 환관과 라이벌 관계였던 한림학사들은 무능한 황제들을 부추겨 환관들이 주도하던 대항해 정책을 무너뜨렸습니다. 남경의 조선창을 폐쇄하라는 칙령이 내려졌고 대양 항해 선박을 더는 만들지 말라는 칙령에 저항하던 사람들은 처형됐습니다. 중국의 찬란한 대항해 시대는 유학자 세력의 눈먼 이기심에 짓밟혔습니다.

1477년 한 환관이 정화의 대항해에 대한 기록을 내줄 것을 병부에 요구했더니 병부의 부책임자였던 한림학사 ‘유대하’ 는 문서 보관소에서 정화 함대가 만든 지도와 기록 등 방대한

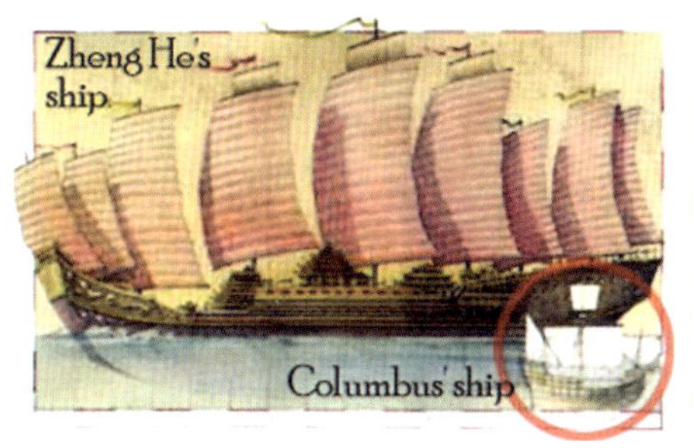

콜럼버스의 산타마리아 호보다
7배나 큰 정화의 대장선

분량의 문서를 압수해 불태워 버렸습니다. 그리고 병부의 각 신(장관)에게는 '분실됐다' 라고 보고했습니다.

■ 콜럼버스의 신대륙 발견과 정화의 차이는?

정화가 서양의 신항로 개척보다 더 일찍 활동했다는 것은 이미 알려진 사실입니다. 콜럼버스의 신대륙 발견과 정화의 남해 원정은 새로운 항로를 개척했다는 점에서는 차이가 없지만 발견한 후의 처리에는 큰 차이를 보입니다.

콜럼버스가 신대륙을 발견한 이후 라틴아메리카 대부분의 땅이 에스파냐 식민지가 되었듯이 서양의 신항로 개척의 결과는 늘 식민지의 확장으로 이어졌습니다. 그러나 정화의 원정은 조공국을 늘리는 것이었습니다. 중국은 식민지로 정복하는 쪽보다는 조공국으로 삼아 중화사상, 즉 중국이 세계의 중심이라는 사상을 확대하고자 했던 것입니다.

발트제뮐러의 세계 지도(1507)(위), 피리 레이스 세계 지도(1513)(아래) : 두 지도 모두 정화 함대가 제작한 지도를 밑판으로 그린 것으로 보인다.

바스코 다 가마

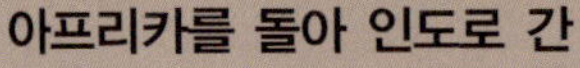

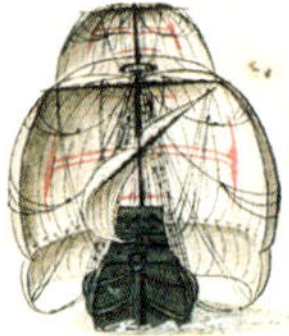

Vasco da Gama, 1460(1469?)~1524 지리상의 발견이 있었던 대항해시대에 수많은 유럽인이 향료를 얻고자 동방으로 가려고 했으며 그 꿈의 나라는 인도였습니다. 포르투갈의 항해가 바스코 다 가마는 아프리카의 희망봉을 돌아 인도에 도착해 포르투갈의 아시아 무역로를 개척했습니다. 이후 포르투갈을 비롯해, 네덜란드, 영국, 프랑스 등이 무력을 앞세워 동양에 진출했으며 식민지를 차지하기 위한 쟁탈전이 시작되었습니다.

■ 꿈의 나라 인도를 향하여!

바스코 다 가마는 1460년경 포르투갈의 시네스에서 태어났습니다. 어린 시절 에보라에서 수학과 항해술을 배웠고 젊은 나이에 해군에 입대했습니다.

그 무렵 포르투갈은 향료 무역을 위해 아시아로 가는 항로를 개척하고, 해상 무역을 독점하던 아라비아 상인들을 견제할 목적으로 대함대를 인도에 파견할 계획을 세웠습니다. 더구나 1492년 에스파냐의 후원으로 콜럼버스가 인도에 도달했다는 소식이 들리자 인도에 대한 무역권을 에스파냐에 빼앗길 것을 걱정해 인도 항로 개척에 큰 관심을 두고 있었습니다.

바스코 다 가마
기념 우표 및 지폐

포르투갈은 이미 1488년에 바르톨로뮤 디아스가 아프리카 서해안을 따라 항해해 아프리카 최남단의 '희망봉'을 발견했기 때문에 이곳을 돌아 인도로 갈 가능성이 높았습니다. 그러나 디아스의 항해 이후 육로를 통

아프리카 희망봉

해 인도를 찾아 나선 탐험대를 기다리며 약 9년 동안 아무도 항해를 시도하지 않았습니다. 그러다가 마누엘 1세가 인도 항로를 개척하도록 인도 원정대를 계획했습니다. 이때 원정대의 지휘를 가마의 아버지가 맡았는데, 그가 죽자, 가마가 뒤를 이어 함대를 지휘하게 되었습니다.

■ 희망봉을 돌아 마침내 인도에 도착하다

그리하여 가마는 마침내 1497년 7월 4척의 배에 170여 명의 대원을 이끌고 리스본 항을 출발했습니다. 당시 포르투갈은 새로운 땅을 발견하면 그 표식으로 거대한 돌기둥을 세웠습니다. 그의 원정대도 이러한 돌기둥을 여러 개 싣고 항해했기 때문에 어려움이 많았습니다.

가마 일행은 아프리카 서해안을 따라 남하해 그해 11월 희망봉을 돌았습니다. 거기서 다시 아프리카의 동해안을 따라 북쪽으로 항해해 이듬해인 1498년 3월 무렵 모잠비크에 도착했습니다. 그 후 4월 케냐의 몸바사를 거쳐 말린디에서 유능한 안내인을 만나 인도양을 무사히 항해한 끝에 마침내 1498년 5월 인도의 캘리컷에 도착했습니다. 가마는 캘리컷에 약 3개월 정도 머물면서 무역을 위한 외교 관계를 맺고자 했습니다. 그러나 가마 일행은 이슬람 상인들보다 워낙 보잘것없는 물건들을 가져갔습니다. 그뿐만 아니

라 새로운 세력에 위협을 느낀 이
슬람 상인들의 방해와 지역 전
통 세력들의 경계로 우호
적인 외교 관계를 맺
지 못했습니다. 가
마는 약간의 향료
만을 구입해 그해
8월 귀국길에 올
랐습니다.

오랜 항해 끝에 괴혈병과 열병 등으로 2/3 정도의 선원들이 사망한 가운데 1499년 9월 초 리스본에 도착한 그는 큰 환영을 받았습니다. 마누엘 1세는 그의 공로를 인정해 작위를 내리고 연금과 토지를 수여했습니다.

■ 자신이 발견한 인도에서 생을 마감하다

그 후 마누엘 1세는 1500년 3월 13척의 배와 함께 제2차 인도 원정대의 지휘를 카브랄에게 맡겼습니다. 그런데 이때 카브랄이 캘리컷에 두고 온 포르투갈인들이 그곳에서 학살당하는 일이 벌어졌습니다. 이에 대한 보복 및 무역로 장악을 위해 1502년 가마를 지휘관으로 하여 인도 원정대가 파견되었습니다. 이때 가마 일행은 20척의 배를 무장해 리스본 항을 떠났습니다.

가마는 캘리컷에 도착해 메카 순례를 마치고 돌아온 무고한 이슬람교도 약 380여 명을 배 안에 감금한 채 불태워 죽였습니다. 당시 배가 나흘 동안이나 불에 탔으며 여자와 어린 아이들까지 죽인 잔인한 사건이었습니다. 그

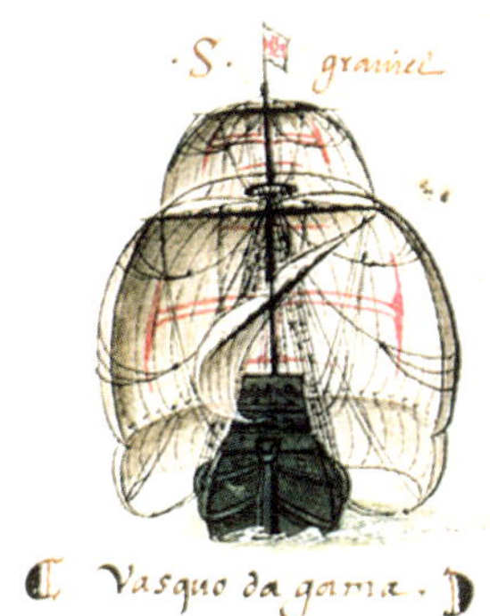

바스코 다 가마의 '상 가브리엘 호'

후 다시 어부 38명을 학살해 이슬람 세력을 약화시켰으며 아시아 무역에서 포르투갈의 우월한 지위를 확보했습니다. 가마는 1503년 2월 인도에서 출발해 10월 포르투갈로 돌아왔습니다.

가마는 그 후 사직하고 아내, 자녀와 함께 에보라시에서 영웅으로 특권을 누리며 지냈습니다. 1505년까지 포르투갈의 인도 문제에 대해 왕에게 조언을 했으며 1519년에는 여러 가지 공로를 인정받아 백작으로 봉해졌습니다. 1521년 마누엘 1세가 사망하자 그를 계승한 주앙 3세가 1524년 가마를 인도의 총독으로 임명했습니다. 가마는 1524년 9월 인도의 고아에 도착해 그 전임 총독이 저질렀던 잘못들을 바로잡는 데 온 힘을 기울였습니다. 그러나 과로로 그해 12월 코친에서 사망했습니다. 그의 유해는 1539년 포르투갈로 보내졌으며 후에 그를 기념해 세워진 제로니무스 수도원에 묻혔습니다.

인도 항해의 이정표 희망봉의 나라 '남아프리카 공화국'

남아프리카 공화국은 아프리카 대륙 남단에 있는 국가로 영토 내에 독립국 레소토가 있습니다. 위도상 온대기후가 나타나 인간 생활에 적합하기 때문에 17세기 중엽 네덜란드인을 비롯해 백인들이 많이 이주했습니다. 그 후 영국의 식민지가 되었으며 1910년 독립했고 1961년 영국연방에서 탈퇴했습니다.

남아프리카 공화국은 백인 우월주의를 내세우는 소수의 백인들이 '인종차별 법'을 만들어 대다수의 흑인을 정치적·경제적·사회적으로 차별했는데, 이를 아파르트헤이트(Apartheid)라고 합니다. 이 때문에 인종 갈등이 심화되었으나 넬슨 만델라를 중심으로 인종차별법 폐지를 위해 노력함으로써 1990년대 초 아파르트헤이트는 철폐되었으며 흑백 평등이 정착되고 있습니다.

넬슨 만델라(1918~) : 남아프리카 공화국 최초의 흑인 대통령으로 세계 인권운동의 상징적인 존재이다.

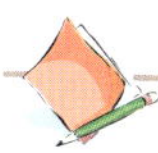
《 교과서로 점프 》

중학교 1학년 사회 5. 아시아 및 아프리카의 생활

남아프리카 공화국은 네덜란드계 보어인을 중심으로 백인이 약 13% 정도를 차지하며 나머지는 아프리카 흑인, 아시아인, 기타 혼혈로 이루어져 있습니다. 주민들은 주로 영어나 네덜란드어에서 파생된 아프리칸스어를 사용하며 그 외에도 9개의 흑인 부족어가 공용어입니다. 종교는 80% 정도가 그리스도교를 믿고 이슬람교, 힌두교, 토착신앙 등이 있습니다.

《 교과서로 점프 》

고등학교 세계지리 4. 지역 개발에 활기를 띠는 국가들

남아프리카 공화국은 아프리카 제1의 공업국으로 금, 다이아몬드를 비롯해 각종 자원이 풍부하며 철강, 기계, 화학 공업 등이 발달했습니다. 그 밖에도 철도 및 항공 교통이 편리할 뿐 아니라 온화한 기후, 아름다운 자연경관, 다양한 동식물들로 관광산업 또한 크게 발달했습니다. 행정수도는 프리토리아, 입법수도는 케이프타운, 사법수도는 블룸폰테인입니다.

입법수도 케이프타운

바스코 다 가마가 발견한 향료의 나라 '인도'

인도는 남부 아시아에 있는 나라로 세계에서 인구가 두 번째로 많습니다. 서부의 인더스 강 유역은 고대문명의 발상지이며 고타마 싯다르타(석가모니)가 불교를 창시한 나라이기도 합니다. 1526년 성립된 무굴 제국은 1857년 세포이 항쟁을 계기로 멸망했으며 그 후 영국의 식민 지배를 받다가 간디를 중심으로 하는 인도 국민회의 등의 독립 운동에 힘입어 1947년 독립했습니다.

그러나 힌두교도와 이슬람교도의 갈등으로 힌두교도가 많은 인도와 이슬람교도가 많은 동서파키스탄으로 분리되었습니다. 파키스탄은 다시 정치적인 문제로 동파키스탄이 1971년 방글라데시로 분리·독립했습니다. 주민들은 아리아족 및 드라비다족을 중심으로 여러 민족이 살고 있으며 종교와 언어가 매우 복잡합니다. 수도는 뉴델리입니다.

중학교 1학년 사회 5. 아시아 및 아프리카의 생활

인도는 지형적으로 북부의 히말라야 산지 지역, 중부의 인더스 강과 갠지스 강 유역의 평야 지역, 남부의 데칸 고원 지역으로 나누며 기후는 전체적으로 열대 계절풍의 영향을 받아 건기와 우기가 뚜렷하게 구분되는 편입니다. 주민들은 주로 힌두교를 믿으며 힌디어와 영어를 사용하나 워낙 민족 구성이 복잡해 공용어가 17개나 되고 다양한 종교를 믿습니다. 특히 파키스탄과의 국경 지대인 카슈미르 지방은 종교적 갈등으로 분쟁이 일어나기도 합니다.

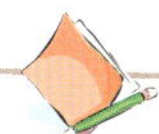 《 교과서로 점프 》

고등학교 세계지리 4. 지역 개발에 활기를 띠는 국가들

인도는 출산율이 매우 높아 인구 억제를 위한 가족계획을 벌이고 있지만 남아선호 사상 및 종교적인 이유 등으로 큰 효과를 거두지 못하고 있습니다. 현 추세로 간다면 머지않아 중국을 앞지를 것으로 예상되어 인구 증가 문제는 인도가 해결해야 할 가장 큰 과제입니다. 최근 인도는 산업화에 힘써 정보기술(IT) 산업에서 큰 성장을 보이고 있으며 뭄바이를 중심으로 영화 산업도 크게 발전하고 있습니다.

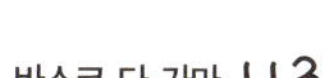

■ 아프리카의 최남단은 정말 희망봉일까?

우리가 흔히 아프리카의 최남단으로 아는 희망봉은 1488년 포르투갈의 항해가 바르톨로뮤 디아스(Bartolomeu Dias, 1450~1500)가 처음 발견했는데 폭풍우가 거세어 더는 항해할 수 없었기 때문에 '폭풍의 곶'이라는 이름을 붙였다고 합니다. 그 후 가마가 1497년 희망봉을 돌아 1498년 5월 인도에 도착한 데서 포르투갈의 주앙 2세가 이 곳만 돌면 인도로 갈 수 있는 희망이 있기 때문에 이 곳을 '희망봉(Cape of Good Hope)'이라 이름 붙였다고 합니다.

그런데 아프리카의 최남단이 정말 희망봉일까요? 실제 아프리카 대륙의 최남단으로 대서양과 인도양이 연결되는 지점은 희망봉에서 남동쪽으로 160km 더 내려간 '케이프 아굴라스(Cape Agulhas)'입니다. 그러나 희망봉이라는 이름에 걸맞게 역사적 의미가 더해져 아굴라스 곶보다는 희망봉을 찾는 관광객이 훨씬 많으며 이 일대는 다양한 동식물들이 분포해 1939년부터 자연보호 지구로 지정되었습니다.

희망봉(Cape of Good Hope)

인도양과 대서양이 만나는 아프리카 최남단, 케이프 아굴라스(Cape Agulhas)

바스코 다 가마는 대항해시대를 개척한 포르투갈의 영웅으로 그의 인도 항로 개척 이후 포르투갈은 인도의 고아를 식민지로 삼아 1962년 인도에 합병될 때까지 지배했습니다. 포르투갈에는 그를 기념해 16세기 무렵 건축한 제로니무스 수도원, 발견 기념비, 가마 광장, 가마 대교 등을 만들었으며, 포르투갈의 식민지였던 브라질에는 바스코 다 가마라는 유명한 축구 클럽이 있기도 합니다.

포르투갈은 1998년 가마의 인도 도착 500주년을 기념해 여러 축하 행사를 개최했지만 인도에서는 가마를 억압적인 식민주의자로 생각하며 그를 기리는 축하 행사는 적절하지 못하다는 반응을 보였다고 합니다. 인도인들에게는 가마 때문에 식민주의 시대가 열렸으며 오랫동안 착취와 억압을 당한 데에 큰 저항감이 있습니다. 인도에서는 가마 이후 포르투갈어를 사용한 도시와 마을 이름들을 바꾸려고 노력하고 있습니다.

콜럼버스

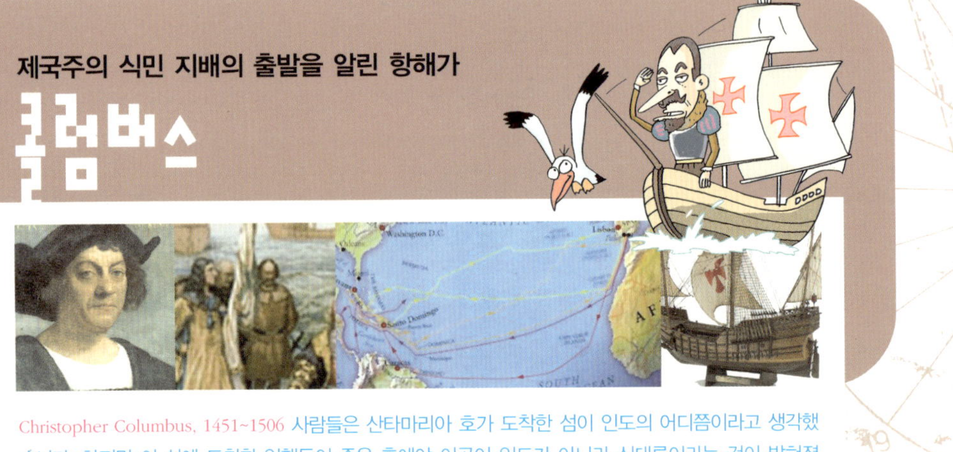

Christopher Columbus, 1451~1506 사람들은 산타마리아 호가 도착한 섬이 인도의 어디쯤이라고 생각했습니다. 하지만 이 섬에 도착한 일행들이 죽은 후에야 이곳이 인도가 아니라 신대륙이라는 것이 밝혀졌습니다. 서인도 제도라고 부르는 이곳에서부터 유럽인들은 세계 각지에 그들의 식민지를 건설하는 제국주의 시대로 들어갑니다. 서양인들의 거침없는 탐욕을 드러낸 출발점에 있었던 인물이 바로 크리스토퍼 콜럼버스입니다.

■ 바다의 품에서 성장한 콜럼버스

콜럼버스는 이탈리아 코르시카 섬에서 직공으로 일하던 에스파냐인 아버지와 에스파냐계 유대인 어머니 사이에서 태어났습니다. 위로 다섯 형제가 있었고 어려서부터 아버지를 도와야 했습니다. 이탈리아의 주요 항구 중 하나인 제노바에서 살았던 그는 어려서부터 쉽게 배에 오를 수 있었습니다. 학교 교육을 제대로 받지는 못했지만 바다와 관련된 분야에서는 천부적인 재능을 보였습니다.

콜럼버스 기념 우표

여러 차례 배에 올라 유럽 각지에 다니면서 그는 대서양의 서쪽에 대해 큰 매력을 느끼기 시작했고 이후 미지의 바다에 대한 정보를 수집하게 됩니다. 또한 라틴어와 에스파냐어를 공부하면서 여러 지리학자의 세계 지리서를 열심히 읽었습니다.

1480년경에는 마데이라 제도의 포르트산드 섬의 초대 총독이며 선장이었던

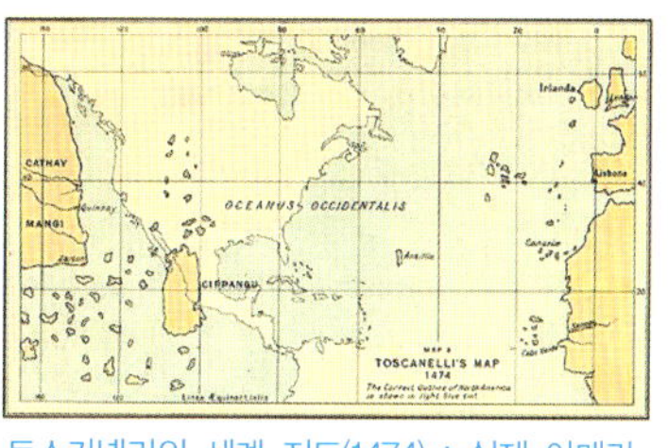
토스카넬리의 세계 지도(1474) : 실제 아메리카 대륙 부분은 그려져 있지 않음

바르도로메우 페레스트레로의 딸인 펠리페와 결혼하게 되면서 장인과 함께 해도(海圖) 제작에도 참여했습니다. 또한 배를 타고 서쪽으로 항해하면 중국에 도달할 수 있다고 주장했던 피렌체의 학자 토스카넬리의 지도를 구해 연구한 결과, 서쪽으로 항해하면 인도에 도달할 수 있다는 확신을 얻게 되었습니다. 즉 대서양을 가로질러 서쪽으로 돌아 지팡구와 카타이에 도착한다는 계획을 세웠습니다.

지팡구 : '황금이 나는 땅'이라는 뜻으로 현재의 일본
카타이 : 고대 중국을 가리키는 유럽어

■ 에스파냐의 지원으로 항해를 시작하다!

콜럼버스는 자신의 계획안을 포르투갈의 국왕 주앙 2세에게 제출했지만 당시 아프리카 서해안을 따라 남쪽으로의 항해가 성공을 거두고 있었으므로 막대한 비용이 드는 항해에 대한 교섭은 잘 진행되지 않았습니다. 그래서 콜럼버스는 아들인 디에고를 데리고 이웃 나라인 카스티야(에스파냐)로 가서 페르난도 왕과 이사벨 여왕을 만나 항해 계획을 제출했습니다. 하지만 당시 에스파냐는 이슬람 세력의 최후 보루인 그라나다 공략에 집중하고 있었던 때였으므로 콜럼버스의 계획에 대한 최종 판단은 시간이 더 걸렸습니다. 그동안 포르투갈 왕과 재교섭을 시도하기도 했고 친동생인 바르돌로메

를 이탈리아 왕에게 파견해 의사 여부를 타진시키기도 했으며 콜럼버스 자신이 프랑스에 갈 생각을 한 적도 있다고 합니다.

그러던 중 드디어 1492년 1월 그라나다가 함락되면서 에스파냐의 여러 성직자와 궁정 인사들의 도움으로 1492년 4월 항해를 허용한다는 산타페 협약이 체결되었습니다.

■ 신대륙을 인도로 믿으며 죽음을 맞이한 콜럼버스

1492년 8월 3일, 콜럼버스는 산타마리아 호, 핀타 호, 니냐 호 세 척에 120명의 승무원을 태우고 마침내 파로스 항구를 떠나게 됩니다. 그는 카나리아 제도에서 보름 정도만 항해하면 인디즈(인도, 카타이, 지팡구 등 아시아 지역 전체를 의미)에 도달할 수 있다고 주장했습니다. 그러나 한 달 이상을 항해해도 육지가 발견되지 않자 선원들이 반란을 일켰습니다. 그는 선원들에게 새

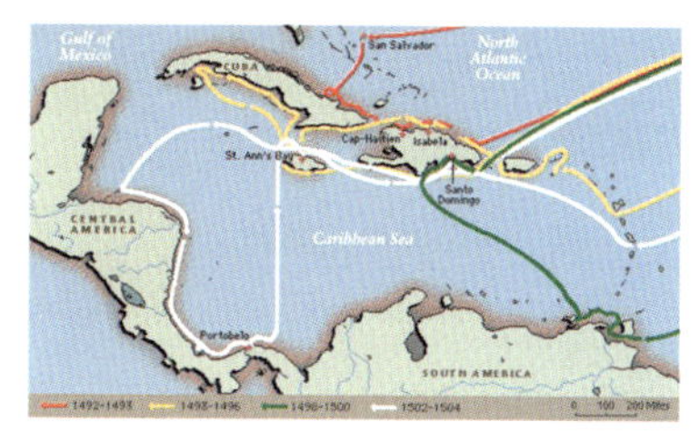

콜롬버스의 항해 지도

로운 땅을 발견하면 많은 이익을 분배할 것이며, 며칠만 더 항해해 본 뒤 그래도 육지가 나타나지 않으면 에스파냐로 귀항한다고 약속하고 다시 항해를 시작했습니다. 다행히 항해를 재개한 지 이틀만인 1492년 10월 12일 산살바도르에 도착했습니다. 콜럼버스는 자신이 인도의 한 부분에 도착한 것으로 확신하고 신에 대한 감사의 뜻을 표시하려고 이 섬을 산살바도르(성스러운 구제자) 섬이라고 이름 지었습니다.

그리고 곧 원주민인 인디오들에게 황금과 향료가 나는 땅에 대한 정보를 얻으면서 쿠바 섬에서부터 히스파니올라 섬까지 항해했습니다. 그러나 1492년 크리스마스 밤, 산타마리아 호가 좌초되어 난파됐기 때문에 급히 나비다에 약 40여 명의 인원을 남긴 후 에스파냐로 돌아왔습니다.

하지만 이어지는 항해는 일행의 기대와는 다르게, 황금이나 향료를 얻는 것이 아니라 반란을 일으킨 원주민들을 노예로 본국에 보내는 수준에 머물렀습니다. 결국 콜럼버스는 그의 통치 능력을 의심받으며 족쇄가 채워진 채 본국으로 송환되고 말았습니다.

총 네 차례의 항해를 통해 아무것도 얻지 못하고 건강이 나빠진 콜럼버스는 1506년 5월 21일 자신이 발견한 섬들이 아시아의 일부라는 신념을 그대로 간직한 채 바야돌리드에서 죽었습니다. 이후 시신은 1542년 그가 인도라고 믿었던 히스파니올라의 산토도밍고 대성당으로 이장되었습니다.

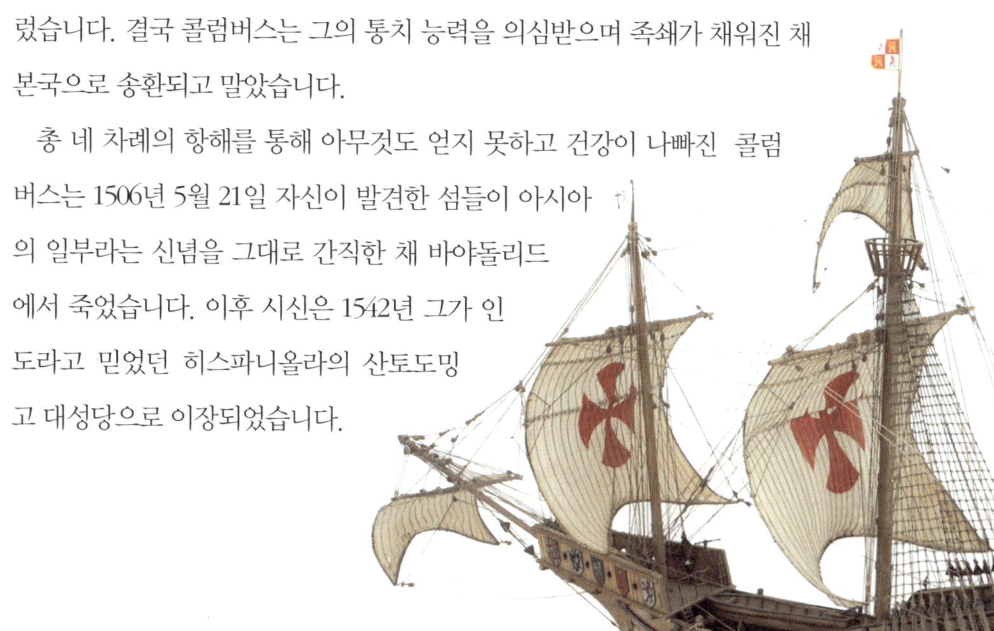

인도로 오해받은 섬들의 나라 '서인도 제도'

서인도 제도는 대서양과 그 부속 해역인 멕시코 만과 카리브 해가 포함되는 곳으로 12,000여 개의 섬과 암초로 구성되어 있으며 180여 개의 섬에 사람이 살고 있습니다. 콜럼버스가 1492년 제1차 항해 때 산살바도르 섬에 상륙한 이후 이곳을 인도 일부라고 오인한 데서 '서인도'라는 호칭이 생겼습니다.

서인도 제도는 3개의 섬 권역으로 나눌 수 있는데, 대(大) 앤틸리스 제도에는 쿠바 섬, 히스파니올라 섬(아이티 · 도미니카), 자메이카 섬, 푸에르토리코 섬 등 4개의 큰 섬과 작은 섬으로 이루어져 있습니다. 소(小) 앤틸리스 제도에는 버진아일랜드와 트리니다드 섬과 주변의 섬들로 이루어져 있으며, 바하마 제도는 플로리다반도 동쪽에서 히스파니올라 섬 북쪽까지의 사이에 있는 산살바도르 섬과 그 밖의 섬들로 이루어진 곳입니다.

이 지역에서 발생하는 열대이동성 저기압인 허리케인(hurricane)은 우리 나라를 비롯한 동북아시아에 영향을 미치는 태풍과 마찬가지로 매년 큰 피해를 주고 있습니다.

《 교과서로 점프 》

중학교 1학년 사회 7. 아메리카 및 오세아니아의 생활

17~18세기 카리브 해 연안국들은 에스파냐, 영국, 프랑스, 네덜란드 등의 식민지 쟁탈의 대상이 되었으나 1898년의 미국과 에스파냐 전쟁에서 에스파냐가 패배한 후에는 미국의 정치적·경제적 영향권 아래 들어갔습니다. 1914년 파나마 운하 개통 후에는 세계 해상교통의 중심지가 되었습니다.

《 교과서로 점프 》

고등학교 세계지리 4. 지역 개발에 활기를 띠는 국가들

도미니카 공화국의 경제는 사탕수수 플랜테이션에 크게 의존하고 있습니다. 이 때문에 세계시장에서 설탕 가격이 내려갔던 1980년대 초반, 도미니카 공화국의 경제는 매우 어려웠습니다. 정부는 사탕수수에 대한 지나친 의존에서 벗어나고자 농업의 다각화 방법에 대해 연구하고 관광산업을 발전시키기 위한 정책을 펼치고 있습니다.

사탕수수 농장

■ 콜럼버스는 잔인한 정복자?

최근 에스파냐 국립문서 보관소에서 공개한 자료들은 콜럼버스가 1492년에 현재의 도미니카 공화국 일대를 지배하면서 저질렀던 끔찍한 행동들을 알려주었습니다.

자료에 따르면 콜럼버스는 자신에게 낮은 계층 출신이라고 말한 한 여성의 혀를 자르고 벌거벗긴 채 당나귀에 태워 길거리를 돌아다니게 했습니다. 또 재판도 하지 않고 마음대로 형벌을 내렸고, 토착민을 노예로 부리려고 이들의 세례도 허락하지 않은 것으로 드러났습니다. 식민지에서 얻을 수 있는 이익을 독차지하려고 식민지 개척자들에게 물자를 공급하지도 않았습니다.

콜럼버스의 알카사르 : 콜럼버스 가족이 거처한 곳으로 신대륙의 사법재판소 역할, 오사마 강의 바위와 산호초로 건축

당시 산티아고 섬이라고 불린 이 지역은 콜럼버스의 카리브 해 연안 및 아메리카 원정대의 본거지 역할을 했습니다. 콜럼버스가 이곳에 상륙한 이후 신대륙에서는 수십 년간 1,200만~2,000만 명의 토착민들이 살해되거나 에스파냐인들이 전파시킨 질병으로 희생되었습니다.

산토도밍고에 있는 박물관

■ 콜럼버스의 달걀

1차 탐험에 성공하고 돌아온 콜럼버스는 날마다 기념행사에 초대받게 되면서 그의 명성을 시기하는 사람들도 생겨났습니다. 어느 모임에서 참석자 한 명이 말했습니다.

"대서양 서쪽으로 항해해 새로운 섬을 발견한 것이 그렇게 대단한 공로일까요? 당신이 아니더라도 누구나 할 수 있는 일이 아닐까요?"

그러자, 화가 난 콜럼버스는 탁자 위에 놓은 달걀을 들었습니다. 그리고는 외쳤습니다.

"여러분! 누구든지 좋습니다. 이 달걀을 탁자 위에 세울 수 있습니까?"

사람들은 콜럼버스의 말을 듣고 모두 세워 보려 했지만 실패했습니다.

"못하십니까? 그럼 제가 해 보겠습니다."

콜럼버스가 말을 끝내고 달걀 끝을 탁자에 톡톡 쳤습니다. 달걀 껍데기가 깨졌습니다. 그는 깨진 쪽이 밑으로 가게 해서 세웠습니다. 달걀은 꼼짝도 안 하고 서 있었습니다.

"이렇게 세우는 것은 남이 하고 난 다음에는 쉽습니다. 그러나 처음으로 하기는 쉽지 않습니다. 제가 탐험한 것도 이처럼 처음 한 일이라 쉽지 않습니다."

콜럼버스가 빙그레 웃으면서 조용히 의자에 앉았습니다. 즉 '콜럼버스의 달걀' 이란 이러한 '발상의 전환' 을 의미합니다.

코르테스

Hernán Cortés, 1485~1547 콜럼버스의 대항해 이후 유럽인들이 아메리카 대륙으로 진출하면서 수많은 원주민 문명은 철저히 파괴되었습니다. 멕시코의 유카탄 반도에서 찬란히 피어났던 아스텍 문명도 에스파냐의 코르테스 일행에게 무참히 무너지고 말았습니다. 유럽인들이 상상할 수도 없었던 물 위의 도시 테노치티틀란은 현재 호수가 메워진 채 멕시코시티가 되었으며 주변의 폐허가 된 유적들만이 말없이 옛날의 영광을 보여주고 있습니다.

■ 바다를 건너 신세계 서인도 제도로!

코르테스는 에스파냐 귀족 출신으로 1485년 카스티야에서 태어났습니다. 그는 어려서부터 총명하고 재능이 있어 14세 되던 해에 살라망카 대학으로 유학했습니다. 법학을 전공했으나 다소 오만하고 무자비해 싸움을 좋아했다고 합니다. 그는 유학하는 동안 그다지 성실하게 생활하지는 않았지만 콜럼버스의 항해에 관한 이야기에 관심이 많았고 서인도 제도에서 에스파냐 항구로 들어오는 배의 모습에 큰 매력을 느꼈다고 합니다.

멕시코의 유카탄 반도를 향하여

마침내 그는 19세 되던 해인 1504년 서인도 제도의 산토도밍고 섬으로 떠났습니다. 그는 이곳에서 1511년 벨라스케스와 함께 쿠바 정복에 동참하여 벨라스케스는 쿠바 총독이 되었고 코르테스는 산티아고데쿠바 시의 시장으로 두 차례나 선출되었습니다. 그 후 1518년 10월 무렵 벨라스케스는 아메리카 본토에 식민지를 개척하기 위한 새로운 원정대의 총사령관으로 코르테스를 임명했습니다. 그러나 코르네스가 너무나 의욕적으로 배와 병력을 모으기 시작하자 벨라스케스는 코르테스를 의심한 나머지 지휘자를 바꾸기로 결정했고, 이를 미리 알아챈 코르테스는 1519년 2월 재빨리 유카탄 반도를 향해 출발했습니다.

■ 아스텍의 황제 몬테수마를 만나다

11척의 배, 500여 명의 병사, 100여 명의 선원, 16필의 말 등을 이끌고 유카탄 반도 원정에 나선 코르테스는 1519년 3월 타바스코에 도착했습니다. 그 후 원주민과의 싸움에서 승리한 코르테스 일행은 원주민들에게 시중을 들 20여 명의 여인을 비롯해 여러 가지를 선물 받았습니다. 이때 코르테스는 그 여인들 중 다양한 원주민 언어를 할 줄 아는 마린체를 발견했습니다. 그녀는 나중에 에스파냐어를 배워 직접 통역을 했으며 멕시코 정복에 대한 많은 정보와 지식을 제공함으로써 조국을 배신하고 코르테스와 에스파냐를 위해 노력했습니다.

코르테스는 타바스코에서 북쪽으로 전진해 베라크루스에 상륙한 후 그들이 타고 온 배를 모두 침몰시킴으로써 부하들에게 원주민 정복에 전력을 다하고자 하는 의지를 내보였습니다. 코르테스는 마린체에게, 당시 크

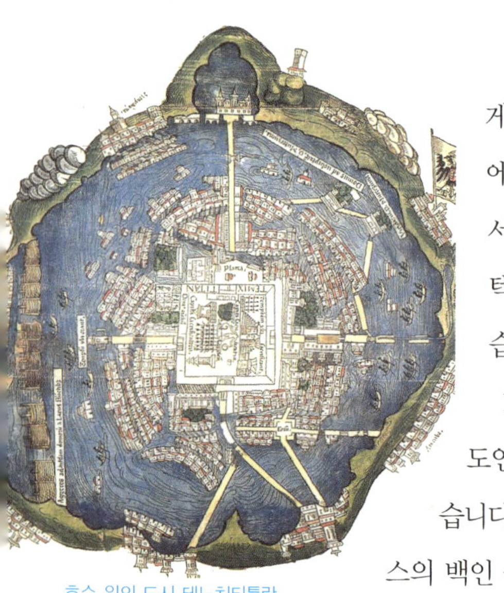

호수 위의 도시 테노치티틀란

게 융성했던 아스텍 제국이 30여 개나 되는 속국들에게 엄청난 조공을 요구하고 있었기 때문에 일부에서는 독립을 원한다는 말을 듣고, 이를 이용해 아스텍을 증오하는 인디오 부족들을 동맹군으로 만들었습니다.

1519년 11월 마침내 코르테스 일행은 아스텍의 수도인 호수 위의 도시 테노치티틀란에 입성하게 되었습니다. 당시 아스텍의 황제였던 몬테수마 2세는 코르테스의 백인 군대를 흰 피부에 수염이 달린 케찰코아틀이라는 아스텍의 신으로 생각했기 때문에 그들을 후하게 대접했습니다. 그러나 코르테스 일행은 몬테수마를 붙잡아 가두고 말았습니다.

■ '슬픔의 밤'을 지나 아스텍을 정복하다

코르테스가 아스텍 신 숭배를 중단하고 에스파냐 왕에게 충성할 것을 강요하자 아스텍인들이 반란을 일으켰습니다. 한편으로는 코르테스를 반역자로 생각했던 쿠바 총독 벨라스케스가 토벌군을 파견해 코르테스를 공격했습니다. 결국 코르테스는 부하들에게 테노치티틀란을 맡기고 쿠바에서 온 토벌군과 싸워 이겨 그들을 자신의 편으로 만들었습니다.

코르테스와 몬테수마의 만남

몬테수마 2세

　　그러나 코르테스가 잠시 없는 사이 테노치티틀란에서는 원주민들과 에스파냐 군대 사이에 큰 싸움이 벌어졌습니다. 때마침 테노치티틀란으로 돌아오게 된 코르테스는 몬테수마에게 싸움을 중단하도록 요구했으나 성난 원주민들이 돌과 화살 세례를 퍼부어 몬테수마는 죽고 말았습니다. 분노한 원주민들이 강력히 저항하여 많은 에스파냐 병사들이 사망했고 이에 코르테스는 철수하기로 결심했습니다. 1520년 6월의 이 사건을 '슬픔의 밤'이라 부르는데 이로부터 10여 개월 뒤인 1521년 5월 코르테스는 테노치티틀란을 다시 공격했습니다. 아스텍인들은 끝까지 용감하게 저항했지만 80여 일을 싸운 끝에 아스텍의 마지막 황제였던 콰우테목이 잡히면서 아스텍 제국은 멸망했습니다.

　　코르테스는 그가 정복한 이 땅에 '누에바 에스파냐(새로운 에스파냐)'라 이름 짓고, 테노치티틀란에는 '시우다드 멕시코(멕시코 시티)'라는 이름을 붙였습니다. 그 후 1523년 코르테스는 멕시코 총독으로 임명되었으며 1528년과 1540년 두 차례 에스파냐를 방문했습니다. 그러나 그는 결국 멕시코로 돌아가지 못한 채 1547년 에스파냐의 세비야에서 사망했습니다.

코르테스가 정복한 아스텍의 나라 '멕시코'

멕시코는 문화적으로 볼 때 라틴아메리카에 속하는 국가로 북쪽으로는 미국, 남쪽으로는 과테말라 및 벨리즈와 국경을 접하고 있습니다. 지형적으로는 신기 습곡 산지인 환태평양 조산대에 속하기 때문에 국토의 대부분은 고원지대이며 지각이 불안정해 지진이 자주 발생하기도 합니다. 남동쪽의 유카탄 반도 지역에서는 과거 마야, 톨텍, 아스텍 문명 등 고대 인디오 문명이 찬란히 꽃피었으나 1521년 코르테스가 이끈 에스파냐의 원정대에 정복당함으로써 이후 약 300년간 에스파냐의 식민 통치를 받았습니다.

공식어는 에스파냐어이나 많은 사람이 인디오의 다양한 언어들을 사용하고 있으며 주민의 대부분은 가톨릭을 믿습니다. 수도는 멕시코시티인데 과거 아스텍 제국의 수도였던 테노치티틀란 지역이기 때문에 아직도 그 아래에 엄청난 황금이 묻혀 있다는 전설이 있습니다.

중학교 1학년 사회 7. 아메리카 및 오세아니아의 생활

멕시코는 국토의 대부분이 멕시코 고원 지대에 속하며 해안가에 약간의 평야가 분포합니다. 특히 서부는 2,500m가 넘는 고산지대로 환태평양 조산대에 속하여 화산과 지진이 발생하기도 합니다. 북회귀선이 통과하기 때문에 건조기후가 많이 나타나며 남부에는 열대기후, 서부의 고산지대에서는 고산기후가 나타나기도 합니다.

고등학교 세계지리 4. 지역 개발에 활기를 띠는 국가들

멕시코시티의 야경

무역 항 베라크루스

멕시코는 주민의 60%가 백인과 인디오의 혼혈인 메스티소이며, 30%는 인디오, 나머지는 백인 및 기타 인종이 분포합니다. 수도인 멕시코시티는 멕시코 고원 중앙부의 2,240m에 있는 열대 고산 도시로 주민이 살기에 적합해 아스텍 시대에도 수도 역할을 했습니다. 지하자원은 풍부한 편으로 제철 공업 및 석유화학 공업이 발달했으며 최근 캐나다, 미국과 함께 NAFTA(북아메리카 자유무역 협정)를 체결하면서 경제적 변화를 겪고 있습니다.

역사 속으로의 시간 여행 – 아스텍 문명

아스텍 문명이란 13세기 무렵부터 멕시코 중앙 고원에서 발달했던 멕시코의 마지막 고대 문명으로 1521년 에스파냐의 정복으로 멸망했습니다. 멕

테노치티틀란 복원 모형

시카족이라고도 불리는 아스텍족들은 멕시코 북부에서 남하해 현재의 멕시코시티에 해당하는 텍스코코 호수 위에 인공 섬을 만들고 테노치티틀란이라는 도시를 탄생시켜 거대한 제국을 형성했습니다.

그들에게는 태양신에 인간의 피를 바치지 않으면 세계에 종말이 온다는 믿음이 있었기 때문에 전쟁을 통해 포로가 된 사람을 산 제물로 바치는 종교의식을 행했습니다. 따라서 이들은 산 제물을 계속 바치려고 끊임없이 정복 전쟁을 벌여 포로를 모았으며 많은 종속 도시에서 수많은 세금을 걷어 신전 건립 및 종교 행사에 사용했습니다. 그리하여 결국에는 수많은 세금에 시달렸던 속국들 가운데 아스텍에 불만을 품은 세력들이 등장했고 코르테스는 이와 같은 아스텍 내부의 정치적 위기를 이용해 제국을 멸망시켰습니다.

코르테스의 정복으로 찬란했던 아스텍 문명은 무참히 파괴

되었으나 최근 아스텍 문화 복원 작업이 이루어지면서 그 가치가 재조명되
고 있습니다.

아스텍 달력

■ 초콜릿의 기원은 아스텍으로부터?

오늘날 많은 사람이 즐겨 먹는 초콜릿의 기원은 과연 어디에서 시작했을까요? 초콜릿은 카카오 나무 열매에서 얻은 씨앗인 코코아빈을 이용해 만드는 것으로 중남미의 인디언들 중 특히 아스텍인들은 코코아빈으로 초코아틀(xocoatl)이라는 음료를 만들었다고 합니다.

유럽인들에게 초콜릿을 처음 소개한 사람은 아스텍을 정복한 코르테스였습니다. 코르테스는 몬테수마의 궁전에서 초코아틀을 대접받고 난 후 그 맛에 반해 1528년 에스파냐를 방문할 때 카카오 열매를 배에 싣고 왔다고 합니다. 그 후 1580년대 에스파냐에 초콜릿 공장이 들어섰고 1657년 영국에 소개되었습니다. 값이 아주 비쌌기 때문에 오랫동안

카카오 열매 씨앗인 코코아빈

귀족들만의 사치품이었습니다. 그러다가 19세기부터 일반인들에게 대중화되었으며 1976년 밀크를 첨가하는 기술이 개발되면서 현재의 밀크 초콜릿이 생산되기 시작했습니다.

카카오 열매를 들고 있는 아스텍 조각상

■ 조국을 배신하고 에스파냐를 사랑한 마린체(Malinche)

사실 코르테스가 적은 수의 병사들로 아스텍 제국을 정복할 수 있었던 이유 중의 하나는 백인들이 들여온 무서운 전염병 천연두였습니다. 원주민들은 제대로 싸워보지도 못한 채 천연두로 쓰러졌습니다.

그리고 빼놓을 수 없는 또 한 가지 이유는 다름 아닌 인디오 여성 마린체의 도움이었다고 볼 수 있습니다. 다양한 원주민 언어를 할 수 있었던 그녀는 나중에 에스파냐어를 배워 통역과 함께 엄청난 정보를 제공했습니다. 그녀는 코르테스가 아스텍 내부의 정치적 위기를 이용해 반(反) 아스텍 세력들을 동맹군으로 만들도록 도왔으며, 아스텍의 신화, 풍습 등 여러 가지를 지혜롭게 조언해 줌으로써 코르테스에게 '나의 혀'라고 불렸습니다. 그러나 멕시코에서는 조국을 배반한 그녀를 아직도 증오해 마린체는 배신자 또는 반역자의 의미로 쓰입니다.

마린체의 동상

피사로

Francisco Pizarro, 1475~1541 브리태니커 백과사전에서는 피사로의 잉카 정복을 '500배나 더 많은 적과 싸워 단 한 명도 죽지 않고 대승을 거둔 기묘한 전투'라고 이야기합니다. 피사로는 단 160명의 군대로 약 8만에 이르는 잉카의 정규군을 무너뜨리고 황금의 제국을 정복했습니다. 태양을 섬기던 잉카인들은 백인들의 총칼 앞에 무참히 쓰러졌지만 마추픽추를 비롯한 그들의 숨결을 통해 다시 한번 세상을 향하여 그들의 위대함을 보여주고 있습니다.

■ 서인도 제도 탐험으로 경험을 쌓다

피사로는 1475년 에스파냐의 카스티야 지방에서 태어났습니다. 그의 초기 활동에 대해서는 잘 알려지지 않았지만, 그는 아버지가 없는 사생아로 태어나 가난하게 생활했습니다. 그는 어렸을 때 별다른 교육을 받지 못해 문맹이었으며 돼지 치는 일을 하다가 나중에 이탈리아로 가서 군인이 되었습니다.

피사로를 기념한 페루 우표

27세 되던 해인 1502년, 그는 대서양을 건너 에스파냐의 식민지인 서인도 제도의 히스파니올라 섬(현재의 도미니카 공화국)에 도착했습니다. 그러나 그는 식민지에서의 안정된 삶보다는 새로운 세계에 대한 탐험에 큰 흥미를 갖고 1510년 오헤다가 이끄는 우라바 원정대에 참여했으며, 3년 후인 1513년에는 태평양을 발견한 발보아의 원정대에 참여했습니다.

그 후 피사로는 1519년부터 1523년까지 파나마 시의 시장과 행정 장관을 지냈으며 약간의 재산도 모았습니다. 그러나 멕시코에 있던 코르테스가 아스텍 제국을 멸망시키면서 엄청난 부를 쌓은 것을 보고 좀 더 많은 부를 얻는 일에 자극을 받았습니다. 그리하여 군인이었던 알마그로와 함께 1524년에서 1528년에 엄청난 부를 소유한 거대한 문명을 찾아 태평양 연안을 따라 남쪽으로 항해했습니다.

■ 거대한 황금의 제국을 찾아서!

첫 번째 탐험에서 피사로는 파나마에 좀 더 많은 병력을 요청했지만 파나마의 새 총독은 이를 거절하며 탐험의 포기를 명령하였습니다. 그러나 이를 따를 수 없었던 피사로는 칼로 땅에 선을 긋고 부와 명예를 원하는 자들은 선을 넘어 탐험을 계속하자고 제안하였습니다. 이에 13명이 피사로를 따라 남쪽으로 항해를 계속했으며 탐험 중에 잉카 인디언들을 만났습니다. 피사로는 그들의 발견을 구체적으로 확인시키기 위해 금, 라마 및 약간의 인디언 물건들을 파나마로 보냈으나 파나마 총독은 여전히 피사로의 계획을 반대했습니다.

결국 피사로는 에스파냐의 황제 카를로스 5세에게 직접 허가를 받고자 1528년 봄 에스파냐로 갔으며 황제를 설득하는 데 성공하였습니다. 그리고 그곳에서 우연히 멕시코를 정복한 코르테스를 만나 인디언 왕을 반드시 잡으라는 조언을 듣게 되었습니다.

이듬해인 1529년에 피사로는 새로 발견된 해안을 따라 파나마 남쪽의 새 식민지에서 총독이 되었으며 많은 특권을 부여받았습니다. 1530년에 파나마로 돌아온 피사로는 4명의 형제와 함께 탐험을 준비했습니다. 그는 세 척의 배에 180명의 선원과 27마리의 말을 싣고 1531년 1월 마침내 파나마를 떠나게 됩니다.

■ 태양의 제국 잉카를 정복하다!

파나마에서 출발한 피사로 일행은 에콰도르에 도착했습니다. 당시 에콰도르를 비롯하여 페루, 볼리비아, 칠레 북부 지방을 지배하고 있던 세력은

잉카 제국이었습니다. 그러나 피사로가 도착했을 무렵의 잉카 제국은 북부와 남부로 분열된 상태였고, 1532년 내란에서 북부가 승리하면서 아타우알파가 잉카의 황제가 되었습니다. 그러나 아타우알파의 잉카 제국은 피사로와의 숙명적인 만남으로 그 운명을 다하게 됩니다.

1532년 11월 피사로는 군대를 미리 숨겨둔 상태에서 잉카의 새로운 황제를 초대하였으며 아타우알파는 별다른 의심 없이 무장하지 않은 수천 명의 병사를 거느리고 약속 장소로 나갔습니다. 그러나 피사로가 그리스도교를 받아들일 것과 에스파냐 황제에게 충성하라고 요구하자 잉카의 황제는 이를 거절했고 피사로는 황제를 생포해 버렸습니다. 황제는 자신을 풀어주면 방 하나를 황금으로 가득 채우겠다고 제안했는데 그 양은 당시 에스파냐 전체가 소유한 것보다도 많았습니다. 그러나 이 엄청난 보물을 얻은 피사로는 약속을 지키지 않고 황제를 태워 죽이라고 명령했습니다. 잉카 황제는 화형을 당하게 되면 영혼까지 사라진다는 믿음이 있었기 때문에 마지막 순간에 그리스도교로 개종하고 1533년 8월 결국 목 졸려 죽었습니다. 황제가 죽자 잉카인들은 저항을 포기해 버렸고, 1533년 11월 피사로는 전쟁도 한 번 치르지 않고 잉카의 수도 쿠스코를 점령함으로써 잉카 제국은 멸망했습니다.

피사로의 관이 보관되어 있는 리마 대 성당

그 후 피사로는 동료인 알마그로와의 불화로 그를 체포하여 처형해 버렸습니다. 그리고 1535년 새로운 수도로 리마 시를 건설하였으며 막대한 부를 쌓았으나 알마그로의 추종자들에게 1541년 6월 처참하게 살해되었습니다.

피사로에게 정복당한 잉카의 나라 '페루'

페루는 남아메리카 중부 태평양 연안에 있는 국가로 에콰도르, 콜롬비아, 브라질, 볼리비아, 칠레와 국경을 접하고 있습니다. 1533년 잉카 제국이 멸망한 이후 에스파냐의 식민 지배를 받다가 1821년 독립을 선언하였습니다.

페루라는 국명은 에스파냐 탐험대가 태평양 연안을 탐험하면서 1522년 '피루(또는 비루)'라는 하천에 도달했던 데서 유래하며 원주민어로 '강'을 의미합니다.

고대 잉카 제국의 수도였던 쿠스코가 관광지로 유명하며 수도는 리마입니다. 최근 마추픽추 유물의 소유권을 둘러싸고 미국 예일 대학과 페루 정부 사이에 갈등을 빚기도 했습니다.

《 교과서로 점프 》

중학교 1학년 사회 7. 아메리카 및 오세아니아의 생활

페루 국민은 원주민인 인디오가 약 47%를 차지하며 백인과 원주민의 혼혈종인 메스티소가 약 40%, 백인이 12%, 기타 동양계가 약 1% 정도를 차지합니다. 페루의 정치·경제적 실권은 소수의 백인들이 차지하고 있으며 인디오들은 대부분 안데스 산지 지역

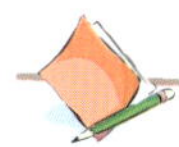
《 교과서로 점프 》

고등학교 세계지리 4. 지역 개발에 활기를 띠는 국가들

페루는 위도상 적도 근처에 있기 때문에 열대 기후권에 속하나 태평양을 따라 5,000m가 넘는 안데스 산맥이 뻗어 있어 고산지역은 고산기후를 나타내며 태평양 연안은 한류인 훔볼트 해류의 영향으로 건조한 사막이 나타나기도 합니다. 몬타나라 불리는 내륙은 밀림지대로 연중 고온 다습하며 식생이 풍부하여 천연고무 및 마호가니를 비롯하여 카카오, 바닐라 등이 생산됩니다. 볼리비아와의 국경지대에 있는 티티카카 호수는 잉카의 전설이 남아 있는 호수로 세계에서 제일 높은 고도인 3,810m에 있습니다.

티티카카 호의 발사 뗏목

역사 속으로의 시간 여행 – 잉카 문명

잉카 문명이란 15~16세기 무렵 안데스 지방에서 번창했던 문명으로 오늘날 페루 및 볼리비아 지역에 해당합니다. 케추아족이라고도 하는 잉카족은 청동기를 사용하고 태양신을 숭배했으며 거대한 돌들을 이용한 건축 기술이 매우 뛰어났습니다.

원주민어로 '배꼽' 또는 '중심'을 뜻하는 페루의 쿠스코는 고대 잉카 제국의 수도로 해발 3,400m 지점에 있으며 마추픽추를 비롯하여 사크사이와만 요새, 태양 신전, 주거지 등 다양한 잉카의 유적들이 남아 있습니다.

잉카 제국은 15세기 후반 에콰도르 지방을 개척하면서 쿠스코를 중심으로 하는 지배층과 에콰도르의 키토를 중심으로 하는 지배층 사이에 대립이 생기게 되었습니다. 결국 1532년 두 세력 사이에 전쟁이 발발하여 아타우알파가 쿠스코 세력을 격파하였으나 1533년 피사로가 이끄는 에스파냐인들의 침입으로 제국은 멸망하게 되었습니다.

마추픽추 유적

정교한 건축 기술

사크사이와만 요새

■ 황금의 세계 엘도라도는 과연 어디일까?

에스파냐어로 엘(el)은 정관사이며 도라도(dorado)는 '황금의' 라는 뜻입니다. 원래 남아메리카에는 전신에 금가루를 칠한 왕이 뗏목에 보물을 싣고 신성한 호수에 찾아가 그것을 신에게 바치는 제사를 지낸다는 전설을 가진 부족이 있었다고 합니다. 페루와 멕시코를 정복한 에스파냐인들은 이 전설을 듣고 '금가루를 칠한 사람' 을 찾으려고 수많은 탐험을 떠났습니다. 16세기 초 피사로를 비롯한 수많은 사람이 황금을 찾아 아마존과 안데스를 누볐으며 이 때문에 남아메리카는 원주민 문명이 파괴되면서 빠른 속도로 백인들에게 정복당했습니다.

그러나 황금을 쫓아 떠났던 사람들은 어느 누구도 성공하지 못했고 전설의 호수로 알려진 구 아타비타 호수는 콜롬비아 정부가 천연 보호 구역으로 지정하여 채굴이 금지되었다고 합니다. '엘도라도' 는 오늘날 '쉽게 부를 얻을 수 있는 장소'를 뜻하게 되었으며 여전히 수많은 수수께끼를 간직한 꿈속의 도시로 남아 있습니다.

■ 태양의 제국 잉카의 마추픽추를 발견한 하이람 빙엄

영국의 BBC방송에서 죽기 전에 꼭 가보아야 할 50곳 중의 하나로 선정한 곳이 바로 잉카의 마추픽추 유적입니다. 잉카 제국은 1533년 에스파냐의 피사로에게 멸망한 이후 모든 것이 파괴된 듯 보였습니다. 하지만 숨겨졌던 도시 마추픽추가 400여 년 만에 그 모습을 세상에 드러냈습니다.

미국의 고고학자인 하이람 빙엄(Hiram Bingham 1875~1956)은 예일대 역사학 교수로 일하던 1911년, 두 명의 동료와 함께 생명의 위협을 무릅쓰고 험준한 안데스를 넘어 마추픽추 유적을 발견했습니다.

하이람 빙엄(Hiram Bingham 1875~1956)

마추픽추란 원주민어로 '오래된 봉우리'란 뜻이며 페루 쿠스코시의 우루밤바 계곡 2,280m 산정에 자리 잡고 있는데, 산자락에서는 그 모습을 볼 수 없고 오직 공중에서만 그 존재를 확인할 수 있어 '공중 도시'라고도 불립니다. 200톤이 넘는 큰 돌들을 빈틈없이 정교하게 쌓아올린 뛰어난 건축술을 비롯해 아직도 풀리지 않는 많은 수수께끼를 간직하고 있으며 유네스코의 세계문화유산으로 지정되어 있습니다.

하이람 빙엄이 촬영한 마추픽추

마그마와 용암의 차이는 무엇일까?

우리나라에 화산활동이 있었던 때는 신생대 4기라고 합니다. 그때 화산활동의 결과 많은 용암이 지표면 위로 나와 제주도, 울릉도, 개마고원, 백두산과 같은 지형을 만들어냈습니다.

일반적으로 마그마는 지표면 아래에 존재하는 것이고, 용암은 이 마그마가 지표면 상으로 분출된 것을 말합니다. 마그마가 일단 지표면 위로 분출하게 되면 그 성분 중 휘발성 성분을 잃습니다. 그래서 성분의 차이가 생기게 됩니다. 나중에 용암이 굳어진 암석에 기공이 많이 보이는 것은 이 때문입니다.

일반적으로 마그마가 굳어져서 만들어진 암석으로는 화강암, 섬록암, 반려암이 있으며, 이들은 흔히 심성암이라고 합니다. 용암이 굳어져서 만들어진 암석은 유문암, 안산암, 현무암이 있습니다. 이들은 화산암이라 합니다.

갯벌이 감소하면 문제가 생길까?

일명 간석지라고 하는 갯벌을 메우면 갯벌에 사는 생물의 서식처가 파괴되어 각종 해양생물이 사라집니다. 이 때문에 수산 생물이 줄어들어 어획량도 결국에는 줄어들게 됩니다. 또한 갯벌이 지닌 가장 중요한 기능인 정화 기능(집에 있는 정수기 안의 필터가 하는 기능이라고 생각해 보세요.)이 줄어들어 오염이 심해집니다.

이외에도 인간에게 가져다준 정서적인 안정감 등 수많은 갯벌의 기능이 사라지게 됩니다. 따라서 갯벌 생태계와 직 · 간접적으로 관계 있던 주변 생태계는 물론 인간도 그 영향을 받게 되는 것입니다.

습지의 기능에는 어떤 것이 있을까?

습지란, 영구적으로 습한 곳 또는 건조한 환경에서 바뀌는 곳이나 호수에서 땅으로 바뀌는 중간 지역을 말합니다. 습지는 크게 해안의 갯벌, 강어귀의 삼각주, 육상의 늪으로 구분합니다.

이러한 습지는 ❶ 단순히 물을 담고 있는 땅이 아니라 지구상에서 생산력이 가장 풍부한 생태계 중의 하나이며, ❷ 물의 흐름과 고임의 오랜 과정을 통해 다양한 생물을 성장시켜 생산과 소비를 갖춘 생태계를 형성하고, ❸ 오염물질을 줄어들게 하는 '자연의 콩팥' 역할을 하며, 물새를 비롯한 다양한 생물의 서식처입니다.

그리고 을숙도나 새만금과 같이 경관의 특성상 사람들에게 아름다움과 편안한 휴식처를 제공하기도 합니다.

샘물은 왜 솟아나오는 것일까?

도시에 사는 사람들은 언제 어디서나 수돗물을 이용할 수 있기 때문에 우물이나 샘에 관심이 없을 것입니다. 그러나 상수도 시설이 잘 갖추어지지 못한 일부 시골에서는 여전히 샘물이나 우물이 중요한 역할을 합니다. 우물과 샘물의 출발은 하늘에서 내려오는 빗물이며 땅속으로 스며들어간 물은 중력 때문에 점점 땅속 깊은 곳으로 내려가게 됩니다.

땅속 깊은 곳에는 모래와 자갈 층이 있고 그 밑에는 암석층이 놓여 있습니다. 물은 모래와 자갈의 틈을 채우고 암석 틈으로도 스며들어서 될 수 있는 대로 낮은 곳으로 스며듭니다. 하지만 틈이 없는 단단한 암석층이나 단단히 굳은 점토층은 물을 흡수하지 않으므로 물은 그 위에 고일 수밖에 없습니다. 이렇게 만들어지는 곳이 지하수층이 되고 지하수면보다도 낮은 곳에 지면으로 통하는 틈이나 구멍이 있으면 그곳으로부터 물이 넘쳐 솟아나게 됩니다. 이것이 바로 샘물이 됩니다.

바다의 괴물 '적조'

우리나라는 1992년부터 2001년까지 적조가 모두 613건 발생했고, 피해액은 1,159억여 원에 이르렀습니다. 즉 해마다 평균 61건의 적조가 발생했고, 연평균 116억여 원의 피해가 발생했다는 것입니다. 최근에 와서는 적조의 발생 횟수가 증가하고 발생 지역도 넓어지고 있습니다.

90년대 이전에는 대개 수온이 높은 7, 8월에 일부 지역에서 발생했지만, 90년대에 이르러 봄과 가을에도 발생하고, 지역도 남해안 전 지역을 넘어 동해까지 확산되었습니다. 95년에는 수온이 비교적 낮은 강릉 연안에도 적조 현상이 나타났습니다.

물론 적조는 우리나라뿐만 아니라 전 세계적으로 발생 지역과 발생 횟수가 지속적으로 증가하고 있습니다. 요즘 우리나라 연안에서 기승을 부리는 코클로디니움은 물고기 아가미에 붙어 장시간에 걸쳐 호흡 곤란을 유발시켜 물고기를 질식사 시킵니다. 단순히 어민들의 생업에만 영향을 미치는 것이 아니라 우리 인간의 건강에도 위협이 됩니다. 그렇기에 적조가 발생할 수 있는 수온 변화와 오염물질 배출에 더 깊은 관심과 노력이 요구됩니다.

지구온난화와 문제에 대한 국제 사회의 움직임

온난화 문제에 대처하기 위한 국제사회의 움직임은 1980년대 들어 활발해졌

습니다. 88년 11월 만들어진 '기후 변화에 관한 정
부 간 패널기구(IPCC)'에 현재 전 세계 2천여 명
의 과학자들이 참여해 기후 변화 현상을 분석하
고 그 영향과 대응 전략을 마련했습니다.

국제사회는 또 92년 브라질 리우에 모여 이산화
탄소 배출량을 줄이자며 기후변화협약을 체결했습니다. 하지만 이 협약은 강
제성이 없어서 그 어느 나라도 선뜻 이산화탄소를 줄이는 적극적인 조치를
취하지는 않았습니다.

그래서 마련된 것이 '교토(京都) 의정서'입니다. 97년 12월 일본 교토에서 열
린 기후변화협약 총회에서 각국 대표들은 온실가스를 의무적으로 줄이자는
데 합의했습니다. 의정서에는 미국과 유럽, 일본 등 선진 38개국이 온실가스
를 언제까지 얼마나 줄여야 하는지를 구체적으로 밝혀 두었습니다. 이후 각
국 대표들은 매년 모임을 하고 구체적 실행 방안을 논의합니다만 최근 미국
이 국제 사회의 비난을 무릅쓰고 탈퇴 선언을 했고, 캐나다 등 일부 선진국도
비준을 미루고 있어 의정서 발효가 늦어지고 있습니다.

분명 지구온난화는 인류에게 크나큰 재앙을 가져다줄 것입니다. 좀 더 주인
의식을 가지고 내가 살아가는 지구의 밝은 미래를 위해서 약속을 이행하고
함께 노력하는 자세가 어느 때보다 중요합니다.

생태통로(Eco-bridge, 에코브리지)란?

최근 교외로 여행을 하다 보면 새로 생긴 도로 중간에 사람이나 차량이 이동하기에는 협소하게 보이는 다리를 본 적이 있을 것입니다. 바로 '야생 동물이 다니는 길' 이라는 안내 표지판이 붙어 있는 다리입니다.

이러한 생태통로(eco-bridge)는 도로개설이나 택지개발 등 각종 개발 사업으로 야생 동·식물의 서식처가 단절되거나 훼손되어, 이를 연결하기 위한 인공 구조물입니다. 도로 등의 개발에 의한 서식처 단절은 포유류나 양서류 등의 야생 동·식물이 서식할 수 있는 서식처의 면적을 축소시켜서 생물종의 소멸을 앞당기기 때문에 이를 방지하기 위한 목적으로 만들어진 것입니다.

✷ 동방으로의 긴 여행을 책으로 남긴 **마르코 폴로** ✷ 아프리카 탐험으로 새로운 인생을 산 **리빙스턴** ✷ 북극점에 첫발을 디딘 탐험가 **피어리** ✷ 남극 탐험의 첫 주자 **아문센** ✷ 땅을 읽고 정리했던 택리지의 **이중환** ✷ 우리만의 역사지리학을 확립한 **신경준** ✷ 지도 제작에 한 평생을 바친 대동여지도의 **김정호** ✷ 쉬어가는 페이지 – **지리 속 도시, 인구, 지역**

제3장

지리 지식의 금자탑을 쌓은 인물들

마르코 폴로

Marco Polo, 1254~1324 유럽인들이 그들만의 세계를 세상의 전부로 알고 있던 시절, 마르코 폴로는 기나긴 동방 여행을 마치고 새로운 세상에 대한 이야기 주머니를 풀어놓았습니다. '나무처럼 타는 검은 돌(석탄)', '불에 타지 않는 천(석면)', '황금의 나라 지팡구(일본)', '종이 화폐' 등 도저히 믿을 수 없는 내용을 보고 사람들은 마르코 폴로를 허풍쟁이라 비웃기도 했습니다. 하지만 동방에 대한 호기심이 커지면서 신세계가 열리는 데 많은 공헌을 했습니다.

■ 아버지, 삼촌과 함께 떠난 동방으로의 여행

마르코 폴로는 1254년경 베네치아 혹은 베네치아령인 달마티아에서 태어났습니다. 그의 집안은 오랫동안 동방과 교역을 하며 재산을 쌓아온 상인 집안이었습니다. 당시 동방은 거대한 몽골제국이 번성하던 시기로 중국에는 원나라가 들어섰으며 그 이외의 제국 영토는 여러 개의 칸(汗, Khan)국으로 나누어 다스리던 때였습니다.

마르코 폴로 기념 우표

마르코 폴로의 아버지와 삼촌은 이미 1260년경 몽골제국의 서부 영토인 킵차크 칸국으로 갔다가 다시 동쪽으로 여행해 1265년 몽골제국의 최고 황제 쿠빌라이칸을 만나게 되었습니다. 이들은 쿠빌라이칸이 교황에게 보내는 사절이 되어 유럽으로 돌아갔으며 마르코 폴로가 15세 되던 해인 1269년에 베네치아로 돌아왔습니다.

때마침 아버지와 삼촌이 돌아왔던 때는 교황이 세상을 떠난 직후였기 때문에 그들은 새 교황이 선출되기를 기다렸지만 2년이 지나도록 선출되지 않았습니다. 그러자 그들은 더 기다릴 수가 없어 1271년 17세인 폴로를 데리고 원 제국을 향해 길을 떠났습니다. 그러나 며칠 후 교황이 선출되었기 때문에 그들은 다시 돌아와 정식으로 교황의 신임장을 받고 동방으로 여행을 계속했습니다.

베네치아(13세기 후반)

■ 원 제국 쿠빌라이칸의 유능한 신하로 총애를 받다

폴로 일행은 처음에는 터키의 시바스에서 이라크의 모술을 거쳐 바닷길을 통해 원 제국으로 갈 예정이었습니다. 그러나 먼 길을 힘겹게 여행해 호르무즈 항에 이르고 보니 배가 매우 허술해 이들은 결국 바닷길을 포기하고 육로를 택했습니다.

폴로 일행은 키르만, 발흐, 해발 3,000m의 보칸 계곡을 넘어 세계의 지붕이라는 해발 5,000m의 파미르 고원을 지나 거대한 타클라마칸 사막에 이르렀습니다. 그들은 실크로드를 따라 사막의 오아시스 도시들을 지났으며 여행하는 동안 다양한 사람들을 만났습니다. 또한 그들은 중국 불교의 중심지

인 돈황(툰황)에 도착해 불상과 그림들
로 가득한 수백 개의 석굴을
보기도 했습니다. 그리고
는 마침내 1274년 원 제
국의 여름 수도인
상도에 도착해
쿠빌라이칸을 만
나게 되었습니다.
　　그 후 폴로 일행은
17년간 원 제국에서 벼슬을 하며 살았습니다. 특히 원 제국은 몽고인 제일
주의를 내세우며 중국의 한족들을 탄압했기 때문에 색목인이라 불리던 외
국인들을 많이 고용했습니다. 그리하여 그들은 쿠빌라이칸의 유능한 신하
로서 황제의 총애를 받았습니다.

　　당시 중국의 원 제국은 세계에서 가장 문
화가 발달하고 부유했던 나라입니다. 수도인
대도(베이징)부터 항주(항저우)에 이르는
1,500km 이상을 운하로 연결했는데 폴로는 이
를 통해 거대하고 다양한 상품이 운반되는 것에
크게 놀라워했습니다. 폴로는 특히 남송 시대의 수도
였던 항주의 아름다움에 반해 이곳을 킨사이라 부르며
자주 방문했고 당시 유럽인들이 상상할 수도 없던 다양한 것
들을 경험했습니다.

■ 동방에서의 모든 것 『일 밀리오네』

그러나 고향을 떠나온 지도 오래되었고 후원자인 쿠빌라이칸이 늙어 쇠약해지자 장래에 대해 불안을 느낀 폴로 일행은 고국으로 돌아가기를 간청했습니다. 때마침 몽골족의 한 공주가 서부 일칸국의 왕비로 갈 예정이었으므로 그들을 수행하겠다고 제안해 허락을 얻게 됩니다. 1291년 14척의 배에 600여 명의 궁정 신하와 선원을 거느린 폴로 일행은 공주를 모시고 바닷길을 따라 일칸국으로 향했습니다. 폴로 일행은 베트남, 자바, 수마트라, 스리랑카, 인도를 지나 호르무즈 항에 도착한 후 육로를 따라 호라산까지 가서 공주를 무사히 데려다 주었습니다.

마르코 폴로의 동상

그 후 폴로 일행은 마침내 유럽을 향해 출발해 1295년 힘겹게 베네치아에 도착했습니다. 1271년 베네치아를 떠난 지 24년 만에 고향에 돌아온 것입니다. 그러나 고향에 돌아온 직후 베네치아는 전쟁에 휩싸였고 전쟁에 참여한 마르코 폴로는 포로가 되어 감옥에 갇히게 되었습니다. 폴로는 이 감옥에서 모험 소설 작가인 루스티첼로를 만나게 되었고, 당시 유럽의 언어와 문자에 능숙하지 못했기 때문에 자신의 여행 이야기를 루스티첼로가 받아쓰게 함으로써 『세계의 기술』 즉, 『일 밀리오네』가 탄생하게 되었습니다.

이 책은 당시 유럽 최대의 베스트셀러로 동방에 대한 호기심을 크게 자극했습니다. 마르코 폴로는 곧 포로에서 풀려난 후 베네치아에서 70세의 나이로 남은 삶을 마쳤습니다.

마르코 폴로가 17년간 머문 나라 '중국'

중국은 아시아 동부에 있는 나라로 면적은 세계에서 세 번째로 큰 국가이며 인구가 가장 많은 나라입니다. 정식 명칭은 중화인민공화국으로 수도는 베이징이며 중국어가 공식 언어입니다.

중국은 1949년 공산화된 이후 모든 산업을 국유화하고 계획 경제를 추진했으나 낮은 생산성으로 경제 발전이 부진했습니다. 이에 1978년부터 경제특구 등을 설정하고 외국의 과학 기술과 자본 등을 도입하는 실용주의를 채택하면서 적극적인 개혁 · 개방 정책을 추진하고 있습니다.

최근 중국은 사회주의를 유지하면서 시장 경제를 도입해 경제가 빠른 속도로 성장하고 있으며 WTO(세계무역기구)에 가입함으로써 세계 경제에서 차지하는 비중이 더욱 커지고 있습니다.

《 교과서로 점프 》

중학교 1학년 사회 5. 아시아 및 아프리카의 생활
중국은 서쪽에 산지와 고원이 많아 큰 강들이 대부분 동부로 흐르며 동부에 평야가 발

달해 인구가 밀집되어 있습니다. 황하 유역의 화북 지방은 밭농사가 발달했고 양쯔강 유역의 화중 지방은 세계적인 벼농사 지대이며 주장 강 유역의 화남 지방은 아열대 작물들이 재배됩니다. 바다에서 멀리 떨어진 서부 내륙 지방은 초원과 사막이 나타나는 건조 기후로 관개 시설에 의한 농업과 목축업이 이루어지고 있습니다.

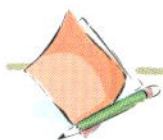
《 교과서로 점프 》

고등학교 세계지리 2. 우리와 가까운 국가들

천안문 광장

개방 도시 상하이

중국은 최근 경제 개방 정책과 함께 석탄, 석유 등의 풍부한 자원과 값싸고 풍부한 노동력을 이용해 급속한 경제 성장을 이루고 있습니다. 가전제품과 섬유 공업 등에서는 세계 1위의 시장 점유율을 차지하고 있으며 최근에는 반도체 등 첨단 정보 기술 산업도 크게 발전하고 있습니다. 그러나 급격한 공업화는 해안과 내륙, 도시와 농촌 지역에 불균형을 가져옴으로써 지역과 계층 간에 빈부격차를 심화시켰으며 환경오염 또한 심각해지고 있습니다.

지팡구(Zipangu, Chipangu)의 나라 '일본'

일본은 아시아의 가장 동쪽에 있는 섬나라로 4개의 큰 섬과 수많은 작은 섬들로 이루어져 있으며 일본어로는 '니혼' 또는 '닛폰'이라 부릅니다. 유

럽에는 마르코 폴로의 『동방견문록』을 통해 처음 소개되었는데, 당시 황금의 나라 지팡구(Zipangu)로 불린데서 'Japan'이라는 명칭이 유래했다고 합니다.

일본은 17세기 무렵부터 네덜란드와의 무역을 통해 서양과 교류했으며, 1868년 메이지 유신 이후 문호를 개방하고 서양의 과학, 기술, 제도 등을 받아들여 근대화에 성공했습니다. 그 후 한국, 중국, 동남아시아 지역을 침략해 식민지화했으나 2차 대전에서 패배해 많은 어려움을 겪었습니다. 그러다 1950년대 한국전쟁과 1960년대 베트남전쟁을 계기로 일본 경제가 회복되기 시작했으며 미국의 원조 등에 힘입어 오늘날에는 세계적인 경제 대국으로 성장했습니다.

수도는 도쿄이며 덴노(천황)가 존재하는 입헌군주국입니다.

중학교 1학년 사회 5. 아시아 및 아프리카의 생활

섬나라 일본은 비교적 따뜻하고 강수량이 많은 편이며 일찍부터 바다로 진출한 세계적인 수산업국입니다. 지형적으로는 환태평양 조산대에 속해 지각이 불안정하기 때문에 지진과 화산 활동이 잦아 큰 피해를 당하기도 합니다. 가장 큰 섬은 혼슈로 수도인 도쿄가 있고 혼슈의 태평양 연안은 일본의 주요 경제 중심지인 도쿄–요코하마와 오사카–고베의 대도시권이 형성되어 있습니다.

후지산(3776m)

고등학교 세계지리 2. 우리와 가까운 국가들

자원이 부족한 일본은 원료를 수입해 제품을 만들어 수출하는 가공 무역을 주로 합니다. 따라서 원료 수입과 제품 수출에 유리한 항구를 중심으로 공업 지역이 발달했으며 태평양 연안에 있는 게이힌 공업 지역은 일본 최대의 공업 지역입니다. 오늘날에는 세계적인 경제 대국으로 자동차, 컴퓨터, 전자, 로봇, 생명 공학 등 첨단 기술 산업이 발달했는데, 1992년 이후부터는 수출이 급격히 증가하면서 무역 흑자로 외국과의 무역 마찰이 발생하기도 합니다.

첨단 기술의 상징 신칸센

■ 실제 본 것의 반도 이야기하지 못했다는 『동방견문록』

우리에게 잘 알려진 『동방견문록』은 마르코 폴로가 24년 동안 동방을 여행한 기록으로 원제는 『Divisament dou Monde(Description of the World), 세계의 기술(記述)』이며 나중에 『Il Milione』 즉, '백만 가지 허황된 이야기'로 불렸습니다. 사실 마르코 폴로가 죽을 때 많은 사람이 책의 이야기가 거짓말이라는 것을 제발 인정하라고 요구했다는 일화가 있을 정도로 이 책은 당시 유럽인들이 믿을 수 없는 이야기들로 가득했습니다. 하지만 마르코 폴로는 '내가 실제 본 것의 반도 이야기하지 못했다.' 라는 말을 했다고 합니다.

사람들은 이 책의 내용을 꾸며낸 이야기라 여겼지만 새로운 세계에 대한 엄청난 호기심을 불러일으켰기 때문에 전 유럽에 날개 돋친 듯이 팔려나갔습니다. 그러나 이 모든 작업이 인쇄술이 발명되기 오래전의 일이어서 책은 여러 사람이 직접 베껴 썼고 그 과정에서 원본에 대한 수정, 삭제, 추가, 각색 등이

『동방견문록』 : 『동방견문록』 이란 일본 번역본에 붙여진 이름이고, 원제는 『세계의 기술』 또는 『일 밀리오네』 이다.

심하게 이루어져 사실 오늘날에는 믿을 만한 원본이 존재하지 않습니다. 여러 형태의 필사본만 해도 약 140여 종류나 된다고 합니다. 결국 이 책이 진실만을 이야기한 것은 아니지만 새로운 세계에 대한 유럽인들의 호기심을 크게 자극함으로써 15-16세기 지리상의 대발견 시대가 열리는 데 큰 역할을 했습니다.

■ 사막 속의 비단길 실크로드(Silk Road)

비단길이란 아시아 내륙을 가로질러 고대 동서를 연결하던 교통로입니다. 중국 중원 지방에서 시작해 타클라마칸 사막을 지나 파미르 고원, 중앙아시아 초원, 이란 고원을 지나 지중해에 이르는 길로 사막 지역의 오아시스들을 연결한 길입니다.

중국은 한나라 때 장건이 서역을 개척한 이래 중앙아시아 및 서아시아와

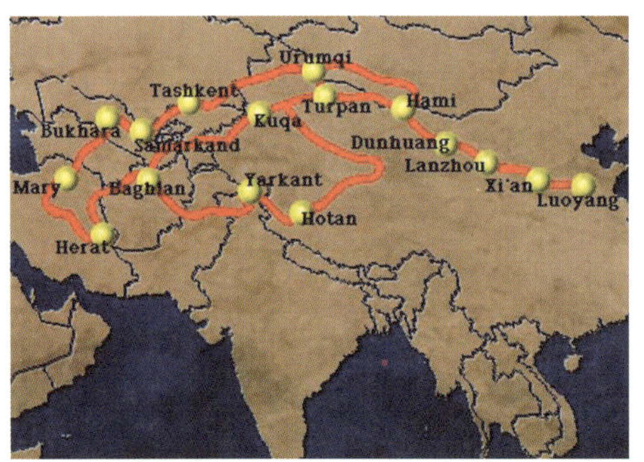

동서를 연결하는 실크로드

끊임없이 교류했습니다. 이때 중국의 비단이 서역으로 많이 팔린 데서 '비단길' 이라는 이름이 붙여졌으며 독일의 지리학자 리히트호펜이 처음 사용했습니다.

비단길을 통해 불교, 조로아스터교, 이슬람교 등이 중국에 전달되었으며 그 밖에도 다양한 문물이 동서로 왕래하여 동서 문화 교류에 큰 역할을 했습니다. 마르코 폴로 일행이 베네치아에서 중국 원나라로 여행할 때 이용했던 길이기도 합니다.

리빙스턴

David Livingstone, 1813~1873 미지의 대륙 아프리카에서 선교와 탐험 활동으로 평생을 보냈던 리빙스턴은 많은 위기를 겪었습니다. 사자에 물려 깊은 상처를 입었어도 그의 탐험에 대한 열정은 멈추지 않았습니다. 또한 탐험 도중 병에 걸려 행방불명이 되는 어려움도 겪었지만 스탠리와의 만남이 있었기에 그의 열정은 계속될 수 있었습니다. 아프리가의 위대한 선구자인 그의 인생을 통해 검은 대륙 아프리카는 우리에게 성큼 다가오게 됩니다.

■ 선교사로 시작된 탐험가의 길

리빙스턴은 영국 스코틀랜드의 가난한 노동자 집안에서 태어났습니다. 서부 해안의 울바 섬에서 이주해 온 아버지, 어머니와 7형제는 공장 노동자 아파트의 조그만 방에서 함께 생활하는 어려운 형편이었지만, 두터운 신앙심으로 살았습니다. 근면하고 경건한 생활 지침 아래 10살이라는 어린 나이부터 면화공장에서 일을 하며 가계 경제에 도움을 줘야 하는 처지였지만 늘 그의 생활 중심에는 신앙이 있었습니다. 그는 성장하는 과정 속에서 자연스럽게 선교사가 되겠다는 결심

리빙스턴 생가와 기념관

로버트 모펫(Robert Moffat)

을 했습니다.

때마침 1834년 영국과 미국 교회에서 중국에 의료 선교단을 파견한다는 계획이 알려졌습니다. 리빙스턴은 계속되는 시간제 근무 속에서도 그리스어·신학·의학 등을 공부하며 그의 결심을 실천에 옮겼습니다. 1838년 런던 선교회로부터 선교단으로 인정을 받게 되었지만, 중국에서 발생한 아편전쟁(1839~1842년)으로 중국행은 좌절되었습니다.

대신 런던 전도협회 파견원으로 남아프리카에 부임합니다. 이곳에서 이미 활발한 활동을 하고 있던 선교사 로버트 모펫을 만난 뒤, 그는 아프리카를 선교 활동의 토대라고 생각했습니다. 1840년 11월 정식 선교사로 임명된 리빙스턴은 그해 마지막 날 배를 타고 남아프리카로 출발해 이듬해 3월 케이프타운에서 새로운 인생을 시작하게 됩니다.

■ 신앙심으로 외로운 아프리카 생활을 견디다

이때부터 시작된 탐험과 선교 활동은 주로 아프리카 내륙 쪽으로 방향을 잡고, 선교를 통한 신앙심의 실천과 새로운 곳을 발견하는 데서 오는 즐거움으로 가득 찼습니다.

1842년 여름에는 이방인이 다가가기에 어렵다는 칼라하리에서 내륙 깊숙이 들어간 그는 이곳을 중심으로 주민들의 언어, 생활양식, 지리상의 발견에 깊은 관심을 두게 되었습니다.

한편 선교활동 중에 사자에게 상처를 입게 되는 사고도 경험하게 되었는데 제대로 치료할 수 없는 형편이어서, 다시는 왼손으로 총을 지탱할 수 없게 되었습니다. 하지만 이 사고로 그의 활동이 중단된 것은 아니었습니다. 이후 더 큰 시련을 경험하면서도 아프리카 생활을 계속합니다.

1845년 리빙스턴은 모펫의 딸과 결혼을 하고, 그의 가족들은 이후 7년 정도 함께 유목생활을 하면서 아프리카에 머물었습니다. 하지만 오랜 여행을 통해 아내의 건강문제와 자녀의 교육문제 등이 발생해, 리빙스턴을 남겨두고 그의 가족은 본국으로 돌아가게 됩니다. 결국 리빙스턴은 몇 차례의 고국 방문을 제외하고는 홀로 미지의 검은 대륙 깊숙한 곳으로 발걸음을 이어가야만 했습니다.

영국 왕립지리학회

선교활동 중인 모습

가족들이 고국으로 떠난 후 그의 활동은 본국에서도 많은 사람의 인정을 받기 시작하게 되었습니다. 1849년 8월에는 응가미 호 발견을 도운 공로로 영국 왕립 지리학회로부터 금메달과 상금을 받았습니다. 이를 계기로 학회에서 각종 지원을 받은 그는 탐험가로서의 활동에 더욱 힘을 얻게 되었습니다. 불행했던 어린 시절에 비해 그의 야망은 새로운 힘을 얻었습니다.

■ 아프리카에 그의 영혼마저 영원히 남겨두다

가족에 대한 부담이 줄어들고 본국의 지원이 이어지면서 리빙스턴은 아프리카 내륙 중심부까지 그리스도교 · 상업 · 문명을 전파하기 위한 야심 찬 도전을 이어갈 수 있었습니다. 또한 이러한 전파를 통해 대서양으로 가는 새로운 길을 찾아, 합법적인 상업 활동이 이루어져야만 노예무역을 막을 수 있다고 생각했습니다.

빅토리아 폭포와 리빙스턴의 메모

아마도 오랜 탐사 속에서 그를 가장 흥분시켰던 순간은 1855년 11월 잠베지 강에 도착했을 때일 것입니다. 여기서 천둥 같은 소리와 한 치 앞도 분간할 수 없을 정도의 물안개로 뒤덮인 폭포를 보게 된 그는 평소의 애국심으로 여왕의 이름을 따 빅토리아 폭포라고 이름 지었습니다. 이를 통해, 이듬해 겨울 그는 국가의 영웅으로 추대되어 영국으로 돌아왔고 그전과는 다른 부와 명예를 누리게 되었습니다.

하지만 다시 아프리카를 찾은 그는 자신의 침대 옆에서 기도하는 자세로 1873년 죽음을 맞이하게 됩니다. 아프리카인들은 그를 존경하는 마음으로 그의 심장을 꺼내 므푼두 나무 밑에 묻고 그의 시체를 2,400km 넘는 거리의 해안까지 운반했습니다. 영국 국장으로 장례가 거행되었지만 위대한 탐험가이자 선교사였던 그의 영혼은 영원히 아프리카에 남아 있을 것입니다.

심장이 묻힌 곳 위에 쓰여진 므푼두 나무 기록

리빙스턴 동상

리빙스턴이 탐험한 '중남부 아프리카'

아프리카를 검은 대륙이라고 합니다. 하지만 사하라 사막을 경계로 그 위쪽의 북부아프리카는 서남아시아와 더불어 백인들이 주로 거주하고 있습니다. 그에 비해 사하라 사막 이남의 중남부 아프리카는 흑인이 주로 거주하고 있으며 원시적인 문명이 아직도 많이 남아 있는 곳입니다.

제2차 세계대전 후 식민지에서 벗어나 대부분의 나라가 독립했지만 사회적·경제적으로 상당히 낙후되었으며 종족·부족 간의 분쟁이 계속되어 정치·경제적으로 후진국이 많습니다. 또한 부족 간 또는 국가 간의 문화 차이도 매우 커서 전 세계 3천여 언어 중 1/3 이상이 아프리카에서 사용하고 있을 만큼 종족이 다양합니다. 이러한 민족적·언어적 차이가 종종 지역 갈등의 원인이 되기도 합니다.

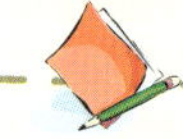

《 교과서로 점프 》

중학교 1학년 사회 5. 아시아 및 아프리카의 생활

사하라 사막 이남 지역인 중남부 아프리카는 열대기후, 흑인의 본고장, 이동식 화전 농

업과 플랜테이션이 발달한 곳입니다. 풍부한 자원이 매장되어 있지만 부족 갈등과 인종차별로 내전이 이는 등, 주민들의 고통이 계속되고 있습니다.

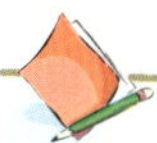

고등학교 세계지리 4. 지역 개발에 활기를 띠는 국가들

유럽 열강의 아메리카 대륙 발견 이후, 아메리카의 농장과 광산에 노동력을 공급하고자 아프리카에서 노예무역이 이루어졌습니다. 이러한 과정에서 유럽인들의 아프리카 진출이 이루어졌고 노예무역이 중단된 이후에도 유럽 열강은 아프리카 내륙 탐험으로 정보를 얻은 후 아프리카에 대한 본격적인 침략을 개시했습니다. 특히 19세기 말 유럽 열강은 베를린에서 회의를 갖고, 아프리카를 분할하는 데 합의했습니다. 유럽 열강의 자의적인 국경선 설정과 열강의 분열 정책은 지금 아프리카에서 발생하는 각종 분쟁의 원인이 되고 있습니다.

리빙스턴이 이름 지은 '빅토리아 폭포'

빅토리아 폭포는 북쪽의 잠비아와 남쪽의 짐바브웨의 경계를 이루는 미

들 잠베지 강에 있는 웅장한 폭포입니다. 폭과 깊이가 나이아가라 폭포의 2

배 이상인 이 폭포는 깎아지른 절벽 위에서 최대

108m의 낙차를 이루며 떨어집니다. 빅토리아

폭포의 물은 넓은 웅덩이로 떨어지는 것이

아니라 폭이 25~75m인 깊은 틈으로 모이

는데 이 틈은 폭포의 절벽과 같은 높이의

반대편 절벽으로 형성된 것입니다. 폭포 반

대편의 벼랑을 따라 나무가 우거진 열대우

림지역이 나타나며 폭포에서 물이 튀어 1년

내내 푸른빛을 보입니다.

폭포 아래쪽에는 폭포교(Falls Bridge)가 놓여 있는데 이 다리는 과거 영

국이 남쪽에서 북쪽으로 아프리카 대륙 전체를 종단하려는 의도로 계획했

던 케이프-카이로 철도 건설 사업의 하나로 세워진 것입니다. 잠비아와 짐

바브웨 사이를 오가는 기차 · 자동차 · 보행인이 이 다리를 이용합니다.

유럽인으로서 이 폭포를 처음 발견한 사람이 영국 탐험가 데이비드 리

빙스턴으로 빅토리아 여왕의 이름을 따서 빅토리아 폭포라 부르게 되었습

니다.

중학교 1학년 사회 5. 아시아 및 아프리카의 생활

대서양의 기니 만으로 흘러드는 나이저 강과 콩고 강은 중 · 남부 아프리카의 대표적인 하천이며, 동부의 고원 지역에는 큰 골짜기와 많은 호수 그리고 만년설로 유명한 킬리 만자로 산이 있습니다. 동부 지역에는 우기와 건기가 뚜렷하게 구별되는 열대 초원 기 후가 나타나는데 큰 호수들이 있기 때문에 동물의 왕국이 되었습니다.

고등학교 세계지리 4. 지역 개발에 활기를 띠는 국가들

지형에서 단층활동으로 낮아진 지형을 지구라고 하고 솟아 있는 곳을 지루라고 합니 다. 아프리카에는 시리아 요르단 강의 골짜기로부터 케냐 · 탄자니아 · 말라위 · 모잠비 크로 이어지는 단층에 의한 계곡 모양의 움푹 패여 있는 지대가 나타나는데 이를 '동 아프리카 대지구대' 라고 합니다. 지구대 자체의 표고가 낮아서 주변에서 유입되는 물 이 고이게 되는 구조호수를 형성하는데 대표적인 구조호수로 유명한 곳이 빅토리아 호 와 탕가니카 호입니다.

■ 스탠리와의 만남이 없었다면?

본명이 존 로우랜즈인 스탠리는 사생아로 태어나 친척집과 보육원에서 불행한 어린 시절을 보내다가 자신과 같은 이름까지 붙여 준 상인 헨리 모튼 스탠리의 도움으로 남에게 베풀 줄 아는 미덕을 배우게 되었습니다.

오랜 유랑 생활을 마치고 「뉴욕 헤럴드」의 기자로 일하며 스페인 내란기사를 취재하고 있을 당시, 그는 리빙스턴을 찾아내라는 임무를 맡았습니다. 1866년 리빙스턴이 중앙아프리카 호수들을 탐사하고 나일 강의 발원지를 확인할 목적으로 아프리카 오지로 들어가고 나서 그에 대한 소식은 거의 없었으나 탕가니카 호 가까이에 있는 우지지 부근에 있을 것으로 추측했습니다. 스탠리는 1871년 1월 6일이 되어서야 우지지 인근의 잔지바르에 도착할 수 있었는데 '특종'에 몰두한 나머지 잔지바르 당국이나 리빙스턴의 물자보급 책임을 지고 있던 영국 영사 존 커크 경에게까지도 자세한 말을

하지 않았습니다. 3월 21일 완벽한 장비를 갖춘 대열을 이끌고 아프리카 오지를 향해 출발한 그는 전쟁으로 혼란스럽고 각종 질병으로 고통 받는 지역을 통과하면서 강행군을 계속해 마침내 11월 우지지에 도착했습니다.

그곳에서 식량과 약품이 모두 떨어진 채 앓고 있는 리빙스턴을 발견하게 된 스탠리가 "리빙스턴 박사님이시지요?(Dr. Livingston I presume?)"라고 한 인사말은 유명한 일화가 되었습니다. 그들은 함께 탕가니카 호를 탐사해 루시지 강이 호수의 북쪽 끝으로 흘러나가는 것이 아니라 탕가니카 호로 흘러든다는 사실을 발견했고, 탕가니카 호가 나일 강의 발원지가 아님을 증명했습니다.

■ 선교사로 시작해 탐험가로 변신한 리빙스턴

리빙스턴은 일반인들에게는 지리학자나 탐험가로 알려졌지만 어려서부터 선교활동에 헌신했던 선교사였고 선교사가 되려고 의학과 신학을 공부했던 사람입니다. 하지만 그가 아프리카에 도착했을 때 많은 현지인은 그리스도교를 먹고 마실 수 있는 음식으로 생각했습니다. 고립되어 살아가던 아프리카인들에게 유럽인은 이상하게 보였고 선교사들은 초자연적인 힘을 가진 것처럼 보였습니다. 리빙스턴이 그가 믿는 하느님은 눈에 보이지 않는 분이라는 것을 이해시키고자 기도를 했는데 이것을 본 아프리카인들은 그의 신이 땅속에 있다고 생각해서 폭소를 터뜨리기도 했습니다.

12년 동안의 선교활동에도 단 한 명의 신자만을 얻었던 그는 선교사보다는 탐험을 통해 아프리카 대륙을 유럽인들에게 알리는 것이 더욱 값지다고 생각하게 되었습니다.

피어리

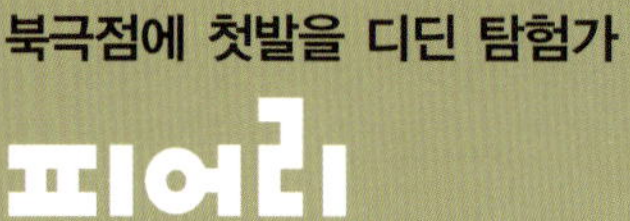

Robert Edwin Peary, 1856~1920 평생 북극만을 위해 자신의 발가락까지도 거의 잃었던 피어리는 처음 북극점에 도착한 탐험가입니다. 연이은 실패에도 굴하지 않고 열심히 도전하여 맨 처음 북극점에 조국의 깃발을 꽂았습니다. 오직 바다와 탐험만으로 살아간 해군 장교 피어리는 그 어떤 얼어붙은 땅도 녹여낼 수 있는 열정이 가득했던 사람이었습니다.

■ '영원한 미지의 세계' 북극을 향하여

피어리는 1856년 미국 펜실베이니아 주 크레슨에서 태어났습니다. 대학에서 지리학과 측량학을 전공한 그는 졸업 후 1881년 미국 해군 측량대로 입대했으며 북극 탐험 기간을 제외하고는 해군으로 생활했습니다.

해군이자 탐험가인 피어리

피어리가 활발한 활동을 시작하던 19세기 후반 무렵은 콜럼버스의 항해 이후 계속되는 대탐험으로 지구의 많은 지역에 인간의 손길이 닿은 상태였으나 아직도 남극점과 북극점은 가까이할 수 없는 미지의 세계였습니다. 따라서 많은 탐험가가 극지 정복을 꿈꾸었으며 피어리 또한 빠지지 않았습니다.

그러나 북극은 남극 대륙과 달리 바다 위에 떠 있는 커다란 얼음과 깨진 얼음들 사이로 스며드는 바닷물 때문에 결코 다가가기 쉬운 상대가 아니었으며 이미 피어리 이전에도 700

대서양과 북극해 사이의 그린란드

여 명이 넘는 사람들이 북극을 향한 도전에서 목숨을 잃었습니다.

■ 끊임없는 실패에도 굴하지 않는 열정

북극 지역에 대한 첫 탐험은 1886년 그린란드 여행에서 시작되었습니다. 피어리는 1891~1892년에 다시 그린란드를 탐험하여 빙하가 북위 82°까지 연장되어 있으며 그린란드가 섬이라는 것을 알아냈습니다. 그리고 이때 에스키모 부족들에 대한 연구를 했는데, 이는 후일 그의 북극 탐사에 큰 도움을 주었습니다.

1893~1894년 및 1895~1896년에 피어리는 다시 그린란드 북동 지역과 북서 지역을 탐험하여 그린란드를 2,000㎞ 이상 돌아다니면서 북극까지의 통로를 정찰했습니다. 그 후 1898~1902년에는 북위 84°까지 진출했으나 심한 동상에 걸려 발가락을 여덟 개나 자르는 시련을 겪게 됩니다.

북극점 정복

그의 나이 50세가 되던 1905~1906년에는 루스벨트 호를 타고 북위 87°까지 진출했으나 날씨와 얼음상태가 좋지 않아 되돌아오고 말았습니다.

결국 피어리는 1908년 7월 일곱 번째 북극 탐험을 시도했고, 그린란드에서 겨울을 보내고 이듬해 3월 그린란드에서 출발하여 북극을 향했습니다.

■ 마침내 북극점에 깃발을 꽂다!

이미 52세가 된 그는 이번이 마지막 기회라는 생각으로 수많은 고통 속에서도 불굴의 의지를 발휘했습니다. 1909년 4월 1일 북위 87° 47′에 닿은 피어리는 에스키모어를 유창하게 잘하던 흑인 동료 메튜 헨슨(Matthew Henson), 그리고 4명의 에스키모들로 본대를 구성했습니다.

그리고 그로부터 닷새가 지난 4월 6일 아침 그들은 육분의를 이용해 그들

육분의 : 태양·달·별과 같은 천체와 지평선 사이의 각을 측정하는 기구로 망원경, 자, 거울을 합친 기구

이 북극점을 5km 남겨 둔 북위 89° 57′에 도달했다는 것을 알았으며 그날 오후 마침내 북극점에 도달했습니다. 이로써 피어리는 탐험 때마다 몸에 지니고 다녔던 성조기를 마침내 북극점에 꽂을 수 있게 되었습니다.

북극점 정복 이후 피어리는 1911년 해군 소장으로 퇴역했으며 메인 주에 있는 시골로 돌아와 남은 인생을 탐험기와 회상록을 집필하면서 보냈습니다. 저서로는 『북극(1910)』, 『북극 여행의 비밀(1917)』 등이 있습니다. 1920년 세상을 떠난 그는 엘링턴 국립묘지에 안장되었습니다.

■ 37일 만에 북극을 등정했던 피어리의 기록이 깨지다

피어리와 관련된 논쟁거리 중의 하나가 북극점에 도달하는 속도가 너무 빠르다는 점이었습니다. 개썰매를 끌고 37일의 시간 만에 북극점에 도착했다는 것은 이후 많은 탐험가에게도 도전의 대상이었습니다. 오랜 세월 각 나라 탐험대들의 도전이 이어졌고 2000년 캐나다 탐험대의 43일이 가장 가까운 기록이었습니다.

그러다가 2005년 여러 나라 대원으로 구성된 탐험대가 피어리와 똑같은 방식과 경로로 탐험해 '36일 22시간' 이라는 새로운 기록을 달성하게 되었습니다. 이들의 성공은 단순히 피어리의 기록이 깨졌다는 것뿐만 아니라 피어리가 최초로 북극점을 밟았다는 것을 다시 확인해 주었다는 데 의의가 있습니다.

피어리가 첫발을 디딘 북극

피어리의 인생을 바꿔놓은 '그린란드'

그린란드(Greenland)를 현지에서는 '칼라아릿 누나트' 라고 부르기도 합니다. 지구상 최북단에 있고 세계에서 가장 큰 섬인 이곳은 미국 텍사스의 세 배에 달하는 얼음덩어리가 덮고 있습니다. 이 얼음의 무게만으로도 중간 부분이 해수면보다 360m나 낮은 분지를 이루고 있습니다.

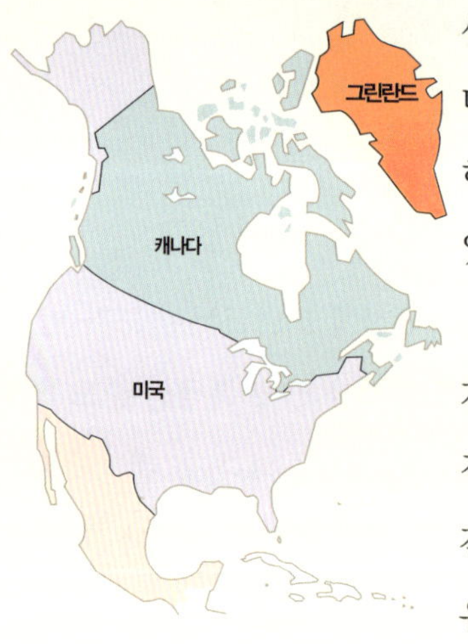

이곳은 역사적으로 외지인과 무법자들이 가끔 해안선을 침범해 위협하기는 했지만 전설적인 바이킹인 에릭 더 레드가 망명 기간에 그린란드를 피난처로 삼기 전까지는 유럽인들과 접촉이 없었습니다. 이 나라를 그린란드라 부른 것도 그였지만 일 년 중 대부분 전혀 푸르지 않은 이곳을 그린란드로 부른 것은 사실적이기보다는 문학적인 표현인 것 같습니다.

이후 주변 국가들의 침입과 소유권 주장이 있었지만 1600년대에 덴마크의 주권이 확립되었습니다. 1924년 노르웨이가 2세기의 아이슬란드인 이주민들을 근거 삼아 그린란드에 대해 맹렬하게 소유권을 주장하기도 했으나 이 주장은 인정되지 않았고 1953년 국제 재판소는 그린란드에 대한 덴마크의 소유권을 비준했습니다. 이런 상태는 20년간 계속되었지만 그린란드 주

민들은 더 많은 자치권을 요구해 1979년 덴마크 정부는 그린란드의 자치를
인정하게 되었습니다.

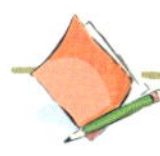

중학교 1학년 사회 7. 아메리카 및 오세아니아의 생활

그린란드는 공식적으로는 덴마크에 속하지만 지방자치 규정에 따른 재판권과 조세·
교육·사회복지체계·문화행사·국가 간의 수교에 대한 자치권이 있습니다. 그러나 그
린란드의 주권 행사와 외교관계 및 국방에 대한 통제권은 덴마크가 갖고 있습니다.

고등학교 세계지리 3. 일찍 산업화된 국가들

덴마크는 천연자원이 빈약한데도 국민은 세계 최고 수준의 생활을 하고 있습니다. 국
토의 2/3 정도가 경작할 수 있는 토지로 보리를 비롯해 밀·평지·사탕수수·감자 등
이 주요 작물입니다. 목초지가 국토의 6% 정도를 차지하고 있으며 가축으로는 돼지가
대표적이지만 젖소의 사육이 많아 유제품 생산이 많은 나라로 유명합니다. 해안선이
유난히 길고 해안이 대부분 피오르 형태로 천연 항이 많아 수산업, 해운업, 관광산업이
발달했습니다. 제조업이 잘 발달했을 뿐만 아니라 다양하며 매년 많은 관광객을 유치
하는 관광업도 중요한데, 관광객들은 대부분 코펜하겐과 그 부근에 있는 해안 휴양지
를 찾습니다.

지구온난화와 자원개발로 위협받는 ‘북극권’

지구온난화로 400만에 이르는 북극권 주민과 생태계가 위협받고 있습니다. 늘어난 바닷물로 바닷가에 있는 마을은 물에 잠길 위험이 점차 커지고 있고 영구 동토층이 녹으면서 그 위에 건설된 도시들이 무너질 위험에 처해 있습니다.

그린란드도 대부분이 엄청난 얼음덩어리로 덮여 있는 곳이라서 지구온난화 때문에 변화가 확인되고 있습니다. 만일 북극해의 얼음이 모두 녹는다면 세계 해안 도시들은 모두 거대한 수영장이 되어 버릴지도 모릅니다. 지금과 같은 해빙 속도라면 북극해는 금세기 내 모든 빙하가 사라져 지중해의 5배에 달하는 거대한 바다로 변하게 됩니다. 알래스카에서는 바닷물이 높아져 미국 정부가 이누이트 마을들을 이주시키는 방안을 마련하고 있습니다.

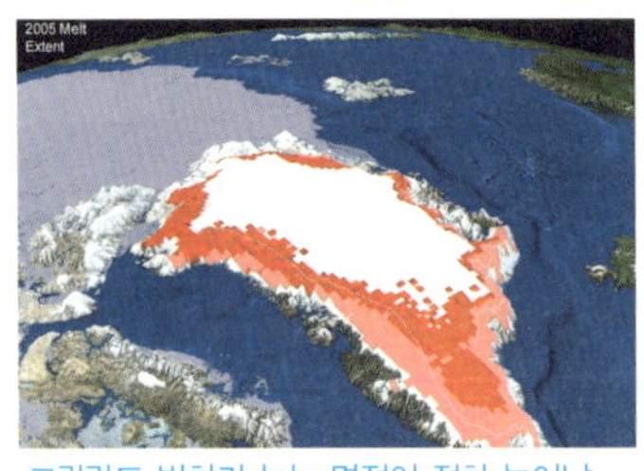

그린란드 빙하가 녹는 면적이 점차 늘어남
●1992년, ●2005년

이와 함께 북극권에 묻혀 있는 원유와 같은 자연자원 개발이 활기를 띠면서 북극권의 환경과 자연 생태계도 위협을 받고 있습니다. 북극해의 깊은 바다에 무궁무진한 자원이 매장되어 있다는 것은 잘 알려진 사실입니다. 최근 지구상에 남아 있는 원유의 4분의 1이 북극에 묻혀 있다는 연구 결과도 나왔습니다. 해상 교통로를 개발해 이를 상업적으로 이용할 경우 북극해의

경제적 가치는 수천 억 달러에 이를 것이라고 예상합니다.

앞으로 북극 유전에 대한 개발이 본격화되면 북극해를 운항하는 유조선의 수도 크게 늘어나게 될 것입니다. 유조선 운항이 늘어날수록 사고에 대한 위험이 커지면서 만약 대규모 원유 유출 사고가 발생한다면 돌이킬 수 없는 환경 피해가 발생할 것이라고 환경 단체들은 경고합니다.

《 교과서로 점프 》

중학교 1학년 사회 7. 아메리카 및 오세아니아의 생활

북극해 주변 빙하가 녹으면서 러시아 북동 해안에 있는 인구 457명의 작은 마을 '비코프스키'는 해안선이 매년 4~5m씩 내륙으로 이동하고 있어 언젠가는 마을 전체가 사라질 위기에 처해 있습니다. 특히 북극 유전 개발이 본격화되면서 북극권의 환경과 자연생태계에 직접 위협을 가하고 있습니다.

고등학교 세계지리 6. 세계의 과제

북극해를 차지하려는 국제사회의 쟁탈전은 암투라는 말이 어울릴 정도로 은밀하면서도 필사적으로 진행되고 있습니다. 현재 북극해에 직접적인 이해관계를 주장할 수 있는 국가는 북극해와 해안선이 맞닿아 있는 러시아, 캐나다, 덴마크, 노르웨이, 미국 등 5개국과, 해안선은 없지만 극지방 국가인 아이슬란드, 스웨덴. 핀란드 등 3개국을 더한 8개국이나 됩니다. 이들은 앞으로 드러나게 될 영유권 분쟁에 대비해 국제 해양법의 애매한 법 규정을 교묘하게 파고들면서 자국 이해의 근거를 확보하는 데 노력하고 있습니다. 자원을 둘러싼 국제분쟁이 이제는 북극해까지 확대되고 있습니다.

■ 피어리는 과연 북극점에 최초로 도달했는가?

극지 정복은 막대한 부와 명예를 가져다주는 만큼 경쟁도 치열했습니다. 아문센과 스콧이 남극 탐험에서 피말리는 경쟁을 벌였듯이 북극 정복은 피어리와 쿡의 대결로 압축되었습니다. 피어리의 북극 정복 소식이 전해지자 동료 탐험가 쿡은 자신이 그보다 한 해

쿡과 피어리 간의 논쟁

전인 1908년 북극점에 먼저 도달했다고 주장했습니다. 2등으로 밀려난 피어리는 한동안 우울한 세월을 보내야 했지만 1911년 지리학계 조사 결과 쿡의 주장은 일단 거짓으로 판명되었습니다.

그렇다고 문제가 깔끔히 정리된 것은 아니었고 쿡과의 싸움이 끝나자, 이번에는 피어리의 북극점 도달 진위에 대한 논쟁이 불붙었습니다. 회의론자들은 당시 피어리가 정확한 위치 측정 기구가 있지 않았으며 그의 북극점 도달 속도가 너무 빠르다는 점을 지적했습니다. 미국 지리학회는 피어리의 탐사일지에 적힌 바다와 기상 관측 기록을 조사한 결과 그가 정확하게 북위 90°는 아니지만 '인간이 도달할 수 있는 가장 북쪽 지점인 89° 57분' 까지 도달했다고 결론을 내렸습니다.

메튜 헨슨 (Matthew Henson)

하지만 이곳에 먼저 도착한 것은 탐험 대장이었던 피어리가 아니라 동료 흑인 대원이었던 헨슨이 45분 더 빨랐습니다. 피어리도 이 사실을 알았지만 20세기가 시작될 무렵의 이 일은 20세기가 끝나갈 때쯤에서야 공식적으로 인정을 받게 되었습니다. 1988년 헨슨의 유해는 알링턴 국립묘지 피어리의 묘 옆으로 이장되었고 2000년 미국 지리학회는 헨슨에게 하버드 메달을 뒤늦게 수여했습니다.

■ 한 우물만 판 피어리와 여러 우물을 판 난센

북극 탐험에서 빼놓을 수 없는 또 한 사람이 난센입니다. 그러나 난센은 피어리와 달리 북극 탐험이 그의 인생에서 전부는 아니었던 것 같습니다.

난센은 크리스티아니아대학교(현 오슬로대학교)에서 동물학을 공부했습니다. 1882년 그린란드 탐험을 시작했고 1888년에는 그린란드를 횡단해 고트호프에서 월동하는 동안 에스키모의 생활을 연구해 『그린란드의 최초의 횡단』과 『에스키모의 생활』을 썼습니다. 1893~1896년 프람 호로 북극 탐험

에 나섰으며 북위 83°59'까지 표류하다 요한센과 함께 배에서 내려 개썰매와 카약을 이용해 북위 86°14'지점에 도달했습니다. 이 지점은 당시까지 인간이 도달할 수 있는 최북방이었습니다.

1897년 모교의 동물학 교수, 1906~1908년 노르웨이의 영국 주재 초대 대사 및 해양학 교수를 지냈습니다. 1910~1914년 북대서양·북극해 및 시베리아의 탐험에도 참가했고, 1918년에는 국제연맹의 노르웨이 대표, 제1차 세계대전 후 인도주의적 입장에서 포로의 본국송환·난민구제에 힘썼으며, 1921~1923년 러시아 적십자 기근구제사업의 총 관리자가 되었습니다. 이와 같은 평화사업에 공헌한 업적으로 1922년 노벨평화상을 받았고, 1927년에는 국제연맹 군축위원회의 노르웨이 대표가 되었습니다. 이외에도 많은 책을 발표하는 등 난센은 피어리와는 다르게 여러 분야에 업적을 남겼습니다.

아문센

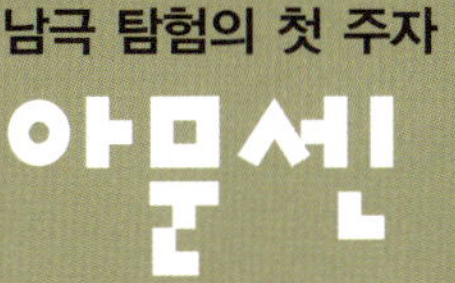

Roald Amundsen, 1872~1928 1911년 두 탐험대가 최초로 남극을 정복하고자 길을 떠납니다. 노르웨이의 아문센과 영국의 스콧 경이 이끄는 팀이 주인공들이며 이들은 서로 다른 운명을 맞게 됩니다. 지구상에서 마지막으로 인간의 발길을 허용했던 남극 대륙의 중심을 향한 이들의 탐험에서, '철저한 준비가 있어야 시행착오도 줄이고 좋은 결과를 얻을 수 있다.' 라는 값진 교훈을 얻을 수 있습니다.

■ 추위를 견뎌가며 북극 탐험을 준비하다!

아문센은 1872년 노르웨이의 오슬로 근처 보르예에서 태어났습니다. 어려서부터 탐험가를 꿈꾸었으나 홀어머니의 뜻을 어길 수 없었던 그는 의대에 진학했습니다.

이후 벨기에 남극 지구자기 조사에 일등 항해사로 참가하면서 북극 조사에 꿈을 품고 지구자기학을 공부했습니다. 그 공부를 통해 북극점에 도달하고자 소망하게 되었습니다. 북극 탐험을 위해 운동도 열심히 했는데 특히 스키를 익히는 데 많은 노력을 기울였습니다. 또한 집에서는 차가운 바깥 기온에서 견디는 훈련을 하느라고 창문을 열어놓고 지냈다고 합니다.

아문센의 동상

남극 지구자기 조사에 참가했을 때의 경험은 극지 탐험에 큰 도움이 되었고 1903~1906년에 '요아 호'를 타고 북극해의 북서항로를 처음으로 완주하게 됩니다. 그런데 이렇게 북극점 도달을 위해 열심이던 아문센은 어느 날 충격적인 소식을 듣게 됩니다. 미국의 탐험가 피어리가 북극점에 도달했다는 것이었습니다. 이 소식은 아문센의 목표를 한순간에 무너뜨렸습니다.

선상의 대원들과 함께

그러나 그는 좌절하지 않고 남극으로 눈길을 돌려 1910년 6월 탐험가 난센에게서 빌린 프람 호를 타고 남극으로 출발합니다.

1911년 10월 네 명의 동료와 4대의 썰매를 끌 42마리의 허스키를 데리고 남극점을 향해 출발했습니다. 나머지 대원들은 기지 인근을 탐사하고 기지를 지켰습니다.

그는 이미 북극에서의 경험으로 철저하게 남극점 정복을 준비해 왔습니다. 아문센은 출발하기 전에 에스키모인들의 여행하는 방법을 자세히 분석하고 훈련을 통해서 익혔습니다. 모든 탐험 장비와 필요한 물건들은 개가 끄는 눈썰매를 이용했습니다. 최종 탐험에 참가하는 대원도 썰매몰이 전문가들과 숙달된 스키어들을 선발했습니다. 남극의 겨울 동안 사전답사와 저장소 설치를 마치고 남위 82° 까지 저장소를 만들어 위치를 쉽게 파악할 수 있도록 주위에 깃발을 많이 꽂게 했습니다.

또한 탐험하면서 개와 사람 모두 체력적인 한계를 고려하여 하루 6시간 이동한 후 휴식을 취했고 필요한 장비와 물건은 최대한 작은 것으로 미리 준비하여 무게를 줄였습니다. 이동 중에 중간 캠프에는 적당량의 물품을 저장하여 점차 복장과 장비를 가볍게 하였습니다. 결국 동료 대원 중 한 명이 충치로 고생한 것을 제외하고는 대원들 모두 건강하게, 출발한 지 55일 만인 1911년 12월 14일 인류 사상 최초로 남극점에 도달하게 됩니다. 3일간 남극점에 머문 일행은 돌아오는 길을 대비해 가는 길목 곳

남극점에 도달한 아문센 일행

현재 남극점 표식

곳에 표식을 많이 만들어 놓았고 저장소의 식량이 있었기에 안전하게 기지로 돌아올 수 있었습니다. 그들이 기지에 도착한 것은 이듬해 1월 25일이었습니다.

■ 가슴속에 남아 있던 북극을 향한 열망

남극 탐험에서 많은 기금을 모은 아문센은 조선업에 투자해 성공합니다. 이미 15세에 탐험에 뜻을 두고 북극 탐험을 꿈꾸었던 그는 1918년 북극 지역으로의 항해에 모드 호를 타고 다시 도전했습니다. 하지만 북극점에 도달하는 것은 실패로 끝나고 비행선으로 북극에 도달하겠다는 새로운 계획을 세웠습니다.

노르게 호

1925년 미국 탐험가 링컨 엘즈워스와 함께 북극으로부터 약 170km 떨어진 지점까지 탐험하게 됩니다. 그리고 1926년 아문센과 엘즈워스는 이탈리아인 항공 기술자였던 움베르토 노빌레와 함께 비행선 노르게 호를 타고 72시간 동안 날아서 북극점을 통과하는 북빙양 횡단 비행에 성공했습니다. 그들은 지금의 스발바르인 노르웨이 북부의 스피츠베르겐에서 출발하여 알래스카까지 갔던 것입니다.

하지만 아문센의 마음을 빼앗

링컨 엘즈워스　　움베르트 노빌레

아 갔던 북극은 그의 목숨까지도 빼앗아 갑니다. 1928년 스피츠베르겐 근처에서 비행선 사고를 당한 노빌레를 구하려고 그곳으로 날아가던 중 그는 행방불명이 되고 맙니다. 아문센은 그가 그토록 가고 싶어 했던 북극에 영원히 묻히고 말았습니다.

아문센이 첫 깃발을 꽂은 '남극 대륙'

남극 대륙은 세계에서 다섯 번째로 큰 대륙으로 오세아니아나 유럽 지역보다 넓은 곳입니다. 대륙 주변의 바다에는 많은 해양 생물이 서식하고 있

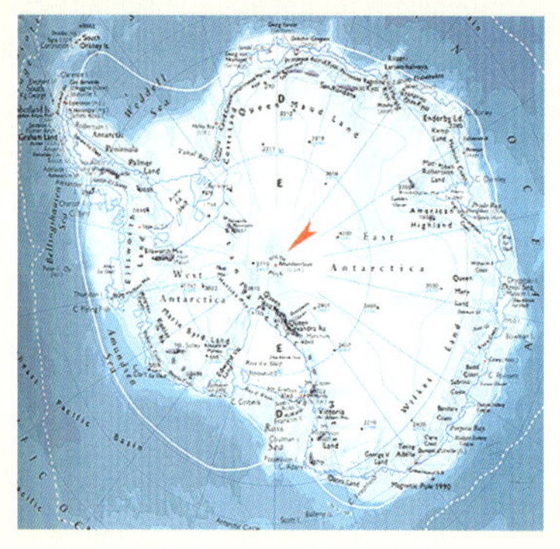

어 과거에는 고래나 물범을 많이 잡았습니다. 하지만 현재의 남극은 세계의 기후와 환경을 깊이 탐구하는 과학기지가 되었습니다.

남극 대륙 초기 탐험은 국가별로 경쟁적으로 이루어져 영유권 분쟁이 일어나기도 했으나 1959년 12개국이 서명한 남극조약에 따라 현재는 국제적인 지원 속에서 이루어집니다. 남극조약은 1958년 미국의 아이젠하워 대통령이 남극의 평화 유지를 위해서 제안한 후, 1959년 아르헨티나, 오스트레일리아, 벨기에, 칠레, 프랑스, 일본, 뉴질랜드, 노르웨이, 남아프리카 공화국, 구소련, 영국, 미국 등 12개국의 최종 비준으로 1961년 6월 23일 발효되었습니다. 남극조약은 전체 14개조로 구성되어 있으며 남극의 평화적 이용, 과학적 조사와 교류, 기존의 영유권 유지와 새로운 영유권 주장의 금지, 남극에서의 핵실험 및 핵폐기물 처리의 금지, 남극에서의 활동에 대한 공개적인 관리와 감독을 규정합니다.

현재는 쇄빙선과 비행기를 이용하기 때문에 교통이 비교적 편리해져 많

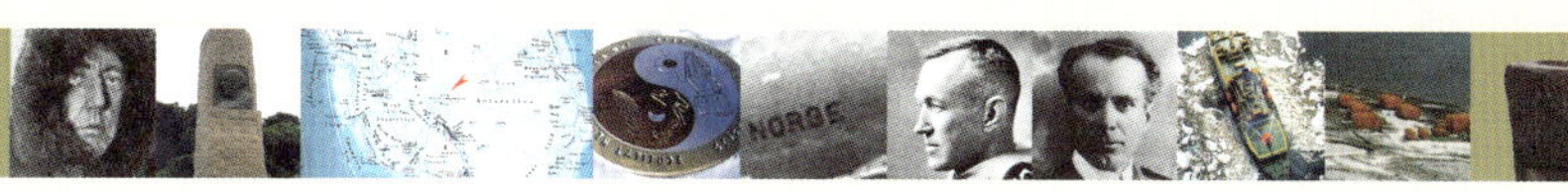

은 관광객이 이곳을 찾고 있습니다. 관광은 여름철(북반구의 겨울철에 해당하는 12월과 1월에는 최고기온이 영상인 곳이 많음)에 한정되어 있습니다.

《 교과서로 점프 》

중학교 1학년 사회 7. 아메리카 및 오세아니아의 생활

남극 대륙은 주위에 대륙이 없고 대부분 바다로 이루어져 있어 교통로로써의 역할은 크지 않습니다. 남극 대륙에는 여러 가지 광물이 매장되어 있으나, 평화적으로 이용할 것을 합의한 남극조약과 자연환경의 제약 때문에 개발의 가능성은 적은 편입니다.

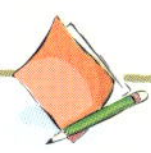
《 교과서로 점프 》

고등학교 세계지리 6. 세계의 과제

남극조약은 과학 연구를 위해 남극 대륙을 비무장지대로 보존할 것을 규정한 것으로 남극 대륙에 대한 영토 주권의 주장을 반대하거나 옹호하는 것이 아니라 자유로운 과학탐사와 과학정보 및 전문 인력의 교환을 장려하고 있습니다. 한국은 1986년 세계 33번째로 가입 했으며, 1988년 세계에서 18번째로 남극에 과학기지(세종과학기지)를 건립했습니다.

로스 해 붕빙 지역

세종과학기지 전경

■ 준비 없는 탐험으로 뒤처진 스콧

아문센과 같은 해에 남극점을 향해 탐사의 길에 올랐던 영국의 스콧 일행은 여러 가지 면에서 아문센에게 뒤질 수밖에 없었습니다. 아문센이 에스키모들의 경험담과 여행 기술을 철저히 분석해 장비와 탐사 경로를 준비한 것에 비해 스콧은 상세한 사전답사도 하지 않았고, 개썰매가 아니라 모터 엔진으로 끄는 썰매와 망아지들에 의지했습니다. 길을 떠난 지 닷새 만에 모터 엔진은 얼어붙었고, 망아지들도 동상에 걸려 죽었습니다. 할 수 없이 대원들은 각자 200파운드가 넘는 무거운 짐을 지고 가야 했는데, 복장과 장비를 제대로 챙기지 않아 모두 동상에 걸리게 되었고 하루에 한 시간도 제대로 걷지 못했습니다. 중간에 있던 보급 캠프에도 물자가 충분하지 않았고 표시도 잘 되어 있지 않았습니다.

영국의 스콧

10주 동안 800마일을 걸어서 남극점에 도달했지만 그들을 기다린 것은 아문센 일행이 35일 전에 꽂아 두 있던 노르웨이 국기와 성공을 기원한다는 편지였습니다. 돌아오는 두 달 동안 굶주림과 추위에 지친 대원들은 하나씩 죽어갔고, 베이스캠프를 150마일 앞둔 지점에서 스콧도 죽음을 맞이하고 말았습니다. 아문센과 달리 철저한 준비가 부족했던 스콧은 결국 아문센의 남극점 도달을 더욱 빛내주는 결과로 이어지고 말았습니다.

■ 아문센의 남극 탐험을 도와준 난센

아문센의 역사적인 남극 탐험을 뒤에서 도와 준 사람은 바로 북극 탐험에 성공한 난센입니다. 그가 없었다면 아문센의 남극 탐험은 이루어지지 못했을지도 모릅니다.

아문센은 난센의 집을 찾아간 적이 있었습니다. 이 자리에서 북극을 탐험하고 남극 탐험 준비를 하고 있던 난센에게 남극을 자기에게 양보해 달라고 권유했습니다. 처음 보는 건장한 젊은이가 자신을 위해서 남극을 양보를 해달라는 제안에 난센 부부는 얼마나 당황스러웠을까요?

난센 부부

어떻게 도우면 되겠냐는 반문에 아문센은 난센이 가지고 있던 프람 호를 빌려 달라고 했고, 아문센의 열의에 난센은 배를 빌려 주었습니다. 이렇게 해서 아문센은 남극점에 도달하는 영광을 얻게 되었습니다.

이중환

李重煥, 1690~1756 지금은 이사를 할 때 그곳이 얼마나 교통이 편리한가, 주변에 좋은 학교가 있는가, 문화 시설이나 쇼핑 공간은 잘 되어 있는가 등을 중요하게 생각합니다. 그렇다면 과연 우리 선조는 어느 곳이 사람이 살아가기 좋은 곳이라고 생각했을까요? 이중환은 30년간의 유랑을 통해서 우리에게 그 답을 몸소 알려주었습니다.

■ 명문가에서 태어나 탄탄대로를 걸은 이중환

이중환은 숙종 때 도승지, 예조 참관, 강릉·안동 대도호부사를 역임한 여주 이씨 이진휴의 아들로 태어났습니다. 그의 선조와 더불어 처가 쪽도 직계 4대가 모두 문과에 급제한 명문 가문이었습니다.

이중환의 출생지를 정확히 알 수는 없으나 『택리지』의 「팔도총론」 충청도 편에 금강 주변의 정자를 소개하면서 "사송정은 우리 집"이라고 한 것을 보면, 현재 충남 공주 백마강 주변으로 보입니다.

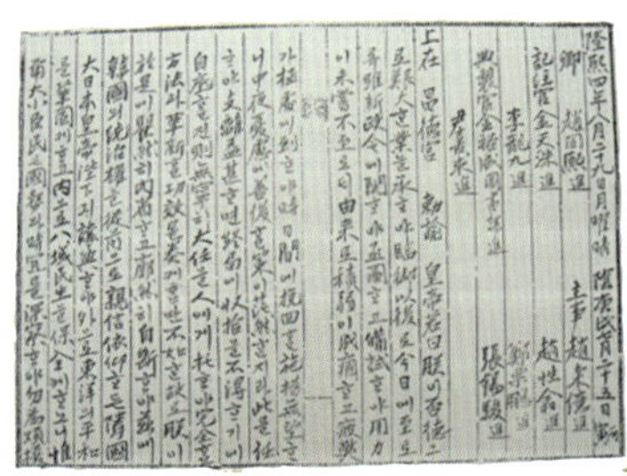

이중환의 묘갈명

좋은 가문에서 성장한 이중환은 24세에 문과에 급제해 관직에 발을 들여

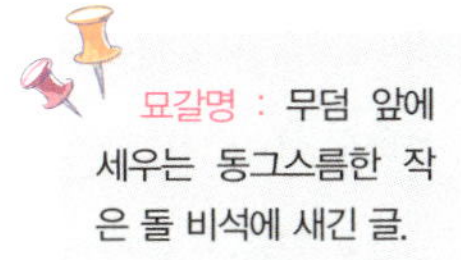

놓게 됩니다. 이후 행적은 성호 이익이 쓴 이중환의 묘갈명에 자세하게 나와 있는데 그는 문과에 합격한 후 승정원의 정자(正字)를 거쳐 역리를 포함한 역마관리, 역마보급, 사신접대 등을 담당하는 김천도찰방이 되었습니다. 이후 승정원으로 다시 자리를 옮긴 후 병중에 있던 숙종을 위해 여러 번 약방에서 숙직을 해 상을 받은 내용이 승정원일기에 기록되어 있기도 합니다.

특히 경종의 즉위 때에 왕이 선왕(先王)에게 배례하지 않은 것은 예(禮)에 맞지 않는다고 진언해 경종이 의례대로 네 번 절했다는 일화는 유명합니다. 이렇듯이 이중환은 문과에 급제한 후 순조롭게 승진하는 장래가 밝은 관료의 길을 걸었습니다.

■ 유랑과 방랑 속에서 집필한 『택리지』

그러나 숙종 말년에서 경종에 이르는 기간은 조선왕조의 당쟁이 심한 시

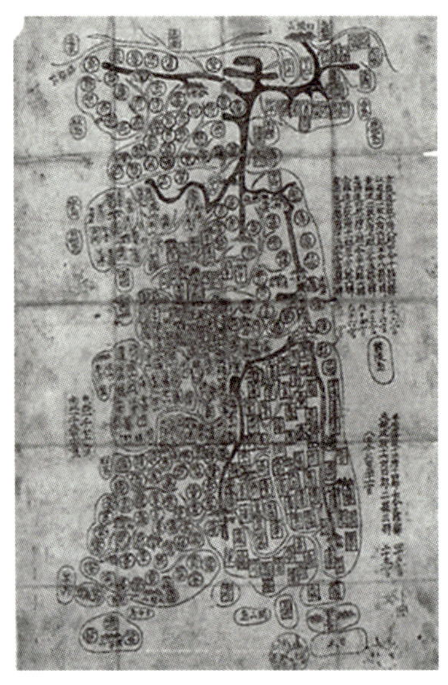

기였습니다. 숙종이 장희빈에게 사약을 내렸으나 그 전에 이미 장희빈의 아들을 세자(경종)로 삼았습니다. 조정에서는 이 문제를 둘러싸고 노론 측은 세자의 폐위를 주장했고, 소론 측에서는 세자를 옹호했습니다. 이때 소론의 목효룡이 노론 측에서 경종을 시해하고자 모의했다고 보고하는 일이 생깁니다.

그러나 이후 목효룡의 말이 거짓임이 밝혀지고, 이중환은 목효룡 사건(신임사화)에서 두 가지 혐의를 받게 됩니다. 목효룡이 처가 인척이라서 가까이 지냈다는 점과 소론의 집권기에 목효룡이 이중환의 공이 크다고 해 그를 더 높은 관직에 추대했던 점이었습니다. 이 때문에 이중환은 확실한 증거도 없이 먼 섬으로 유배되었고 그의 나이 38세부터 67세에 세상을 떠날 때까지 약 30년간을 유배와 방랑 생활을 하게 됩니다. 그 말년에 저술한 것이 바로 『택리지』입니다.

■ 처음이자 마지막 작품 『택리지』

이중환은 전국을 실제 답사하면서 얻은 지식을 바탕으로, 지리적 사실의 나열이 아니라 자기가 직접 관찰한 내용을 토대로 『택리지』를 썼습니다. 책의 형식은 지리책의 형식을 따르고 있지만 내용에서는 우리나라의 자연환

경, 경제활동, 촌락의 입지, 자연환경의 변천, 인물 등을 상세하게 서술했을 뿐만 아니라 당쟁의 역사에 대해서도 자신의 소신을 곁들여 설명했습니다. 이 책은 1912년 육당 최남선을 중심으로 하는 조선광문회가 출간하면서 널리 알려지게 되었습니다.

『택리지』 이전의 지리책은 『동국여지승람』에서 보는 바와 같이 각 군현 별로 성씨, 풍속, 산천 등으로 나누어 백과사전식으로 서술하는 것이 보통이었습니다. 또한 이러한 자료를 바탕으로 『팔도총도』와 같이 전국적인 지도가 제작되었습니다. 하지만 『택리지』는 제목처럼 단순한 지역이나 산물에 대한 서술에만 그치지 않고 사대부가 살 만한 이상적인 곳을 찾는 데 초점을 두었습니다.

「사민총론」, 「복거총론」, 「팔도총론」, 「총론」으로 구성되어 있는 이 책에서 「복거총론」은 특히 실제 거주하기 좋은 곳의 조건들을 상세하게 소개했습니다. 크게 네 가지 조건을 제시했는데 '지리(地理)'에서는 주거지를 둘러싼 지리적인 환경을, '생리(生利)'에서는 주거하면서 먹고 입는 데 필요한 물자를 손쉽게 생산하거나 얻을 수 있는지에 대해서, '인심(人心)'에서는 기본적인 생활이 유지된 후에는 인간다운 삶을 위한 문화적인 환경과 관련된 풍속이 중요함을, '산수(山水)'에서는 쾌적한 환경을 제공해주는 자연적인 조건의 중요성을 제시했습니다.

집, 공장, 상가는 어디에 있는 것이 가장 유리할까요?

우리나라의 전통 건축은 배산임수(背山臨水)가 대표적인 배치 방법입니다. 궁궐과 사찰에서 일반 백성의 집까지 대부분의 건물은 배산임수 배치

배산임수의 취락

방법을 적용했으며, 이것은 오늘날까지도 가장 이상적인 배치 방법으로 이용하고 있습니다. '배산임수'란 말 그대로 산을 등지고 물이 있는 쪽을 바라본다는 뜻입니다. 즉 지면에서 조금이라도 높은 부분에 건물을 짓고, 지대가 낮은 쪽에 마당을 설치함으로써 내려다보도록 하는 배치를 말합니다.

하지만 현대 사회에서는 이러한 배산임수의 배치가 아니어도 교통이 편리하고, 주변에 좋은 학교나 문화시설이 많은 곳에 있는 주택들이 더 비싼 가격으로 거래됩니다. 즉 이제 집은 과거에 중요시했던 자연환경보다는 사회·경제적인 환경을 더 중요시합니다.

한편 상가는 유리한 입지 조건이 집과는 다릅니다. 이중환이 「복거총론」의 '생리(生利)' 편에서 말한 것처럼 평소 다니는 사람도 많고 교통도 편리한 곳이 지금도 상업 활동에는 유리합니다.

하지만 그러한 곳에 공장이 있으면 어떨까요? 환경오염을 유발하는 공장들은 그러한 곳에 있으면 안 됩니다. 예를 들면 청소년들이 즐겨 마시는 탄산음료 공장은 대부분 대도시에서 멀지 않으면서 물이 풍부하고 교통이 편리한 곳에 있습니다. 원료보다는 제품이 훨씬 더 무겁기 때문에 음료수 공장은 소비자가 많은 곳에 가까이 있어야 운송비가 더 적게 듭니다. 그래야지만 최소의 비용으로 최대의 이윤을 얻을 수 있기 때문입니다.

《 교과서로 점프 》

중학교 사회 3학년 4. 자원 개발과 공업 발달

우리나라의 공업은 기술, 원료, 판매 등 여러 면에서 국외 의존도가 높아 운송비, 곧 교통 조건이 공업의 입지에 가장 크게 영향을 주었습니다. 한편 최근 가장 관심이 많은 첨단산업은 우수한 인적 자원이 매우 중요하므로 수도권이 가장 발달했습니다.

고등학교 한국지리 4. 생활권의 형성과 변화

농경시대의 도시 입지는 많은 사람이 생활하는 데 필요한 각종 용수를 구하기 쉽고, 토지가 넓으면서 외적 방어에 유리한 곳이었습니다. 하지만 오늘날 도시 입지에는 지형적인 조건보다는 교통과 경제적 기능이 크게 영향을 미칩니다. 1970년대 이후 울산, 구미, 포항 등 공업 도시의 발달은 산업화의 영향을 크게 받았기 때문입니다. 한편 서울과 같은 거대 도시 주변에 많은 위성도시가 발달하면서 대도시권이 형성되는 것은 현대 도시에서 보이는 입지의 특징이 됩니다.

■ 당대 최고의 여행 작가 이중환

이중환의 자서전과 같은 『택리지』를 읽어 내려가다 보면 그의 표현력에 놀랄 때가 많습니다. 특히 「팔도총론」 편에 나오는 각 지역에 대한 글은 어느 문인들보다 뛰어난 표현이 많아 요즘 독자들도 감탄하게 됩니다. 인문지리서로 사람이 살 만한 곳에 대한 입지론을 정리하고 지역지리서로 이 정도로 쉽고 명확하게 지역성을 표현한 책을 찾기가 쉽지 않습니다.

예를 들어 골지천이 만나는 아우라지와 정선 아리랑으로 알려진 강원도 정선을 살펴보겠습니다. 이곳에 대해 이중환은 "무릇 나흘 동안 길을 걸었는데 하늘과 해를 볼 수가 없었다."라고 표현했는데 정선의 지리가 험난함을 바로 보여줍니다. 따라서 이렇게 힘들고 험악한 두메산골 정선에 살았던 사람들의 설움과 고단함을 달래준 노래가 그 유명한 '정선 아리랑' 이라는 것까지도 우리는 이해할 수 있는 대목입니다.

최근에는 한글로 쉽게 해석이 되어 있는 『택리지』도 많이 나와 있습니다.

■ 『택리지』의 다양한 이름

『택리지』는 팔역지, 팔역가거지, 동국산수록, 진유승람, 동국총화록, 형가승람, 동국지리해 등 여러 이름으로 불렸습니다. 1912년 조선광문회에서 『택리지』를 활자 인쇄본으로 간행하기 이전에는 출간한 적이 없다고 합니다.

『택리지』는 다양한 내용 때문에 필사한 사람들의 관점에 따라서 책 이름이 달라졌습니다. 양반이 낙향하면서 살기 좋은 곳을 선택하려는 뜻에서 『팔역가거지』, 시인 묵객이 좋은 산수를 찾는다는 뜻에서 『진유승람』, 『동국산수록』, 장사하는 사람은 각 지역의 생산 물품과 교통을 알려준다는 뜻에서 『동국총화록』, 풍수지리에 맞는 터를 찾는다는 뜻에서 『형가승람』이라는 책 이름을 붙였을 것입니다. 따라서 별칭들은 내용 일부를 부각시킨 이름이지 책 전체를 포괄하는 명칭이라고 볼 수는 없습니다.

한편 『택리지』는 모두 한문으로 쓰여 있으나, 1983년에 발행한 『애산학보』에 한글판 『택리지』를 소개했습니다. 한글판 『택리지』는 프랑스 파리도서관에 소장되어 있는데, 국어학자들에 의하면 한글표기법에 반영된 음운 체계로 보아 19세기 후반의 책으로 추정된다고 합니다. 이 한글판 『택리지』는 원본이 제작된 시기와 거의 같은 시대의 것으로 보여 그 당시 다른 한글 책과 마찬가지로 독자층이 부녀자였던 것으로 보입니다.

申景濬, 1712~1781 초등학교에 입학하면서부터 열심히 외웠던 산맥들, 그런데 실제 지도를 펴 놓고 하천이 흐르는 곳을 따라가다 보면 큰 강이 산맥을 넘나들기도 합니다. 어떻게 산맥을 가로질러 큰 강이 흘러갈 수 있을까요? 『산경표』에 나오는 대로 물길을 따라 여행을 떠나보세요. 물은 물대로, 산은 산대로 서로 침범하지 않고 잘 이어지고 있습니다.

■ 언어학자에서 지리학자로!

신경준은 1712년 전라도 순창에서 태어났습니다. 고령 신씨인 그의 집안은 세조가 단종에게 왕위를 빼앗자, 신숙주의 동생인 신말주가 관직을 버리고 이곳에 은거하면서부터 터를 잡고 살게 되었습니다.

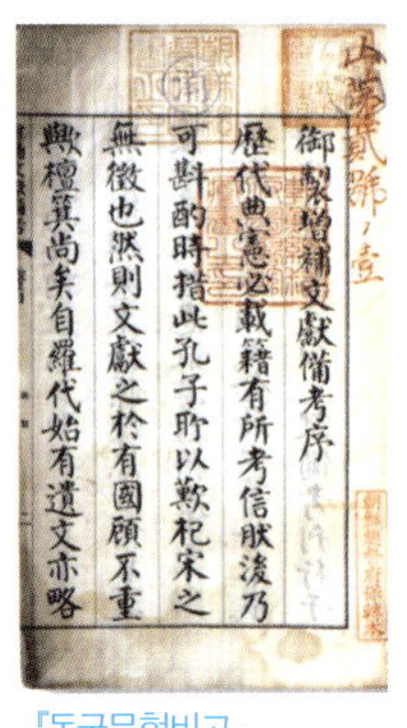

『동국문헌비고』

신경준이 오랜 고향 생활을 접고 그의 나이 43세인 1754년(영조 30년)에 증광향시에 급제한 후 서산 군수, 장연 현감, 사간원 헌납 등을 거쳤지만 관직 생활이 순탄하지는 않아, 이후 15년 만인 1769년(영조 45년)에 고향으로 돌아오게 됩니다. 그러나 그 해에 영의정 홍봉한이 외교 관계를 위해 울릉도 영유권에 관한 책을 편찬하도록 요청하면서 비변사의 낭청으로 다시 관직에 나아가게 됩니다.

영조는 신경준이 편찬한 『강역지』를 보고 그에게 『여지편람』을 감수해 편찬하게 했습니다. 『여지편람』을 본 영조는 그 범례가 중국의 『문헌통고』와 비슷하다 하여 『동국문헌비고』로 이름을 바꾸어 새로 편찬하게 했습니다. 이전까지는 『훈민정음운해』 등을 지어 언어학자로 많이 알려졌던 그였지만 『동국문헌비고』에서 지리적인 지식을 총 집대성한 『여지고』 부분을 담당하게 되어 그의 폭넓은 지리적 지식을 알리게 됩니다. 『여지고』는 역사지리학뿐만 아니라 교통, 시장, 군사, 방어, 산천과 같은 경제지리학, 국방지리학, 자연지리학, 문화지리학 등이 종합된 책으로 신경준의 모든 사상이 담겨 있습니다. 신경준은 왕명에 의해 『동국문헌비고』의 편찬에 참여함으로써 당시까지의 문물과 제도를 정리하는 데 크게 이바지했습니다.

■ 조선 역사지리학의 체계화

이미 신경준은 1756년 『강계고』를 편찬했는데 이를 통해 『동국문헌비고』에 참여하는 계기가 마련되었습니다. 이 책은 역대 우리나라의 경계와 지명 등을 고찰한 역사지리서로 일본, 대만, 유구국(오키나와), 섬라국(태국) 등도 별도의 항목으로 소개했습니다. 즉, 『강계고』는 당시까지 학자 개인이 정리한 우리나라 역사 · 지리에 관한 가장 종합적이고도 체계적인 연구서 중의 하나였습니다.

또한 유통과 유통로에 관한 저술로는 『도로고』와 『사연고』를 남겼습니다. 여기서 『도로고』는 유통경제, 시장경제, 화폐경제가 활성화되

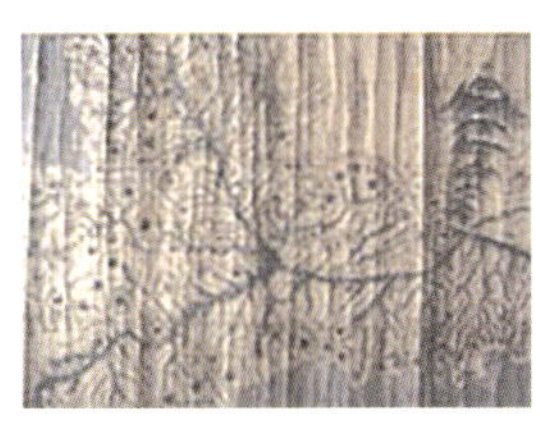

북방강역도

고, 육로와 수로 등 도로의 중요성이 커지던 당시의 사회상을 가장 잘 정리해 반영한 책입니다. 특히 사회·경제적인 변화와 공간적인 변화의 상호작용, 그리고 두 가지의 중요성을 파악했다는 점에서 높은 평가를 받습니다.

한편 신경준은 지도 제작에도 많은 노력을 기울였는데 우리나라 지도 발달의 전환기였던 18세기 중엽에 이미 그는 영조의 명령에 따라 『동국여지도』를 제작했습니다. 또한 정상기의 아들인 정항령의 지도를 이용해 모든 군현 지도를 같은 축척으로 그려 작은 지역별로 따로 볼 수도 있고, 합쳐서 하나의 큰 지역으로도 볼 수 있게 만들었습니다.

■ 조선 후기 자연인식의 체계화

조선 후기의 실학자들은 산천(山川)을 체계적으로 정리하기 시작했는데, 여암 신경준의 『산수고』가 그 선구였습니다. 『산수고』는 우리나라의 산과 하천을 각각 12개의 분(分)과 합(合) 체계로 파악한 한국적 지형학 책입니다.

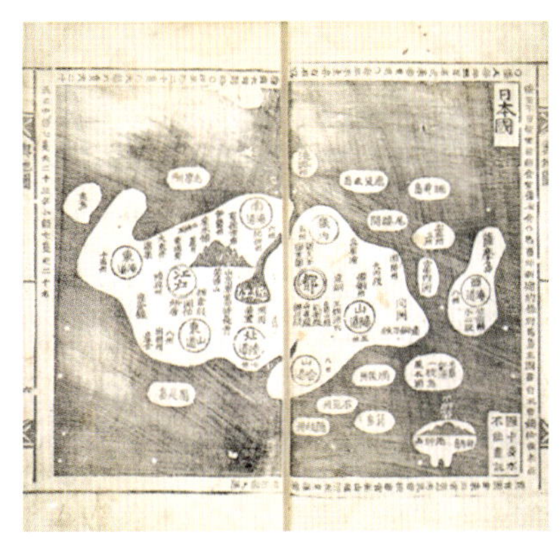
동국여지도 중 일본국

이 책은 산수(山水)를 중심으로 우리나라 국토를 정리했으나, 그 속에는 인간 생활과 통합된 자연의 모습이 드러나 있습니다. 『산수고』는 국토의 뼈대와 핏줄인 산과 강을 체계적으로 정리한 최초의 지리서이며, 한국적으로 산천에 대해 인식하는 방식을 전해 줍니다.

또한 최근 많은 사람의 관심을 끈 『산경표』를 통해 우리나라 산이 어디서 시작해 어디로 흐르다가 어디서 끝나는지를 족보 형식으로 도표화했습니다. 백두산으로부터 지리산에 이르는 기둥이 되는 줄기를 백두대간이라 하고, 이 기둥 줄기에서 뻗어나간 2차적 산줄기를 정간과 정맥으로 분류했습니다. 한반도의 큰 산줄기 체계를 1대간 · 1정간 · 13정맥으로 정리했습니다.

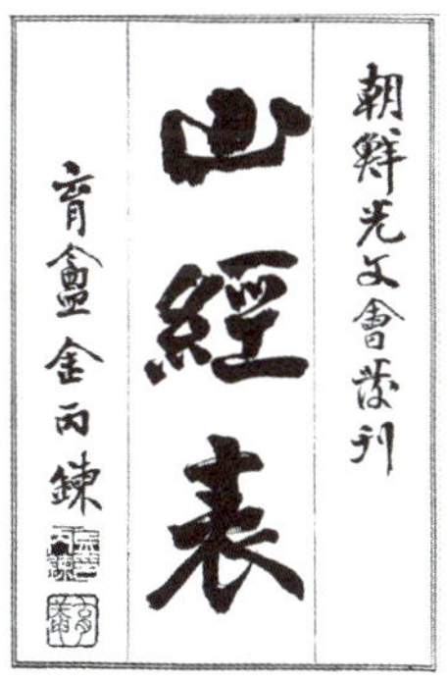
『산경표』

백두대간과 태백산맥은 어떻게 다를까요?

백두대간은 지리상의 인식을 바탕으로 눈에 보이는 것을 그대로 표현한 것이고, 태백산맥은 지질상의 지식을 바탕으로 보이지 않는 땅속의 지질 구조선을 눈에 보이는 것처럼 표현한 것입니다. 따라서 백두대간으로 요약되는 전통적인 지리 개념(신경준의 산경도)과 일본 지질학자 고토 분지로가 1903년에 「조선산악론」이라는 논문에서 발표한 산맥 개념(태백산맥으로 대표, 현재의 지리 교과서)은 다음과 같은 뚜렷한 차이점을 보입니다.

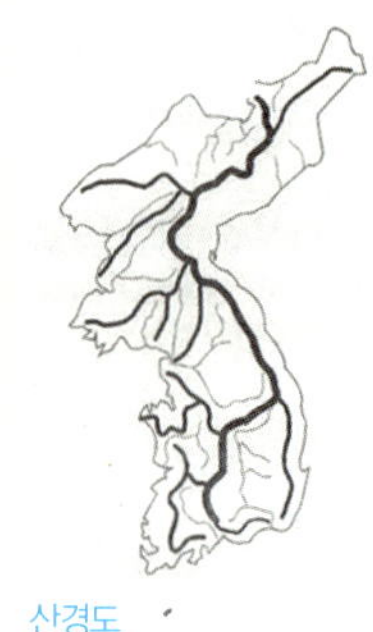

산경도

백두대간(산경도)은 땅 위에 실제로 존재하는 산과 강에 그렸고, 산길은 산에서 산으로만 이어지고 물줄기는 끊어지지 않습니다. 또한 이러한 내용은 지형뿐만 아니라 우리나라의 기후, 역사, 풍습, 방언 등 모든 인문지리학적인 사실을 설명하는 논리적인 근거가 됩니다.

산맥도

이에 비해 태백산맥(산맥도)은 땅속의 지질구조를 기준으로 그렸고 산맥은 강 때문에 여러 차례 끊어집니다. 즉 눈에 보이지 않는 지질학적인 선으로 실제 지형을 이해하는 데는 부족합니다.

이렇게 나누고 보면 명확한 사실을 한 가지 알 수

있습니다. 중간에 무엇인가가 잘못 끼어들었을 가능성이 있다는 것입니다. 상식적으로 볼 때, 백두대간은 보이는 것 중심이니 지리학에서 다루고, 태백산맥은 보이지 않는 지질 구조 중심이니 지질학에서 다루면 맞을 것 같습니다. 그런데 이상하게도 태백산맥은 지리학의 자리까지 차지하고 있고, 오히려 백두대간은 제자리를 잃었습니다. 중간에 잘못 끼어든 것은 바로 일제의 식민지 정책과 그 정신적 유산들입니다. 그 결과 우리는 보이지 않는 것을 마치 보이는 것처럼 교육을 받아 왔고, 또 그렇게 믿고 살아왔습니다.

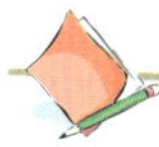

《 교과서로 점프 》

중학교 1학년 사회 1. 우리나라의 중앙부

중부 지방의 동쪽은 태백산맥이 있어 높고 서쪽으로 갈수록 낮아져서 대부분의 하천은 서해 쪽으로 흘러내립니다. 따라서 중·상류에는 분지, 하류에는 넓은 평야가 발달합니다.

고등학교 사회 1. 국토와 지리 정보

일본인들에 의한 식민 통치는 국토 인식의 왜곡에도 중대한 영향을 미쳤습니다. 우리 국토를 '산지가 많고 지하자원이 빈약한 땅' 등으로 과소평가했으며, 한반도의 형상을 '허약한 토끼'로 묘사하기도 했습니다. 이와 같은 일본인들의 우리 국토에 대한 인식은 우리 국토의 잠재력을 무시하고 그들의 식민 통치를 정당화하기 위한 식민지 사관에서 비롯된 것입니다.

■ '백두대간'을 처음 말한 사람은 신경준이 아니었다!

'백두대간(白頭大幹)'이란 '백두산에서 비롯된 큰 산줄기'라는 뜻으로 백두산에서 시작해서 금강산, 설악산, 태백산을 거쳐 지리산까지 이어지는 한반도 중심의 산줄기입니다. 백두대간은 산줄기, 물줄기의 모양과 방향을 기초로 구분한 우리 민족 고유의 지리 인식 체계로 지난 천 년 동안 사용해온 개념입니다.

우리나라의 지리를 '백두산에서 지리산까지'로 나타낸 것은 『고려사절요』에도 나와 있지만 과연 백두대간이라는 용어를 처음 사용한 것은 언제 누구였을까요? 신경준의 『산경표』가 널리 알려지면서 백두대간도 신경준이 사용한 용어로 생각하는 사람이 적지 않습니다. 하지만 백두대간은 조선 후기 실학자로 유형원의 학문을 계승한 성호 이익이 처음 사용했습니다. 그는 『성호사설』의 「천지문」 편에서 "한 줄기 곧은 대간(大幹)이 백두산에서 시작해 태백산에서 중봉을 이루고 지리산에서 끝났으니."라고 했습니다.

성호 이익

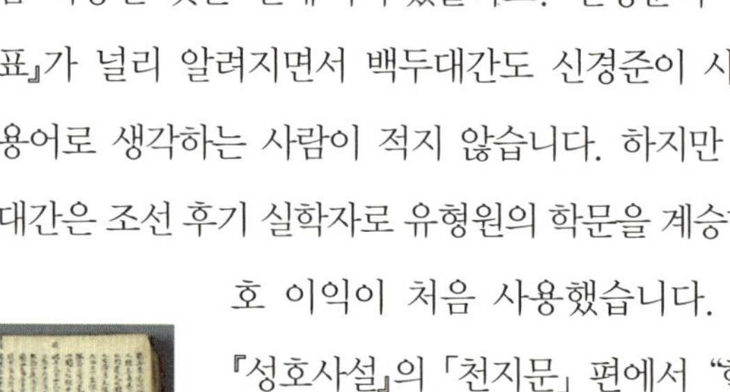

「성호사설」

■ 『산경표』를 만든 사람은 과연 누구인가?

1910년에 최남선 등이 설립한 조선광문회는 빼앗긴 국토와 역사의 줄기를 되찾으려는 노력으로 『택리지』와 『도리표』에 이어 1913년 『산경표』를 간행했습니다. 『산경표』는 우리나라의 산줄기와 산의 갈래, 산의 위치를 일목요연하게 표로 나타낸 지리서입니다.

하지만 이 책은 1770년(영조 46)에 편찬한 『동국문헌비고』 중 신경준이 집필한 『여지고』와 『산수고』를 보고, 1800(순조 즉위)년경에 누군가 만든 것으로 추정할 뿐입니다. 『산경표』를 1769년 신경준이 만들었다고 하는 사람도 있으나 이것은 잘못된 이야기로 보입니다. 예를 들어 『산경표』가 1770년에 편찬된 『문헌비고』를 직접 말한다는 점과, 『산경표』에서 『문헌비고』의 오류를 지적하는데, 신경준이 자신의 오류를 지적하는 글을 자신의 또 다른 책에 썼다고 볼 수는 없기 때문입니다.

김정호

金正浩, ?~? GIS, GPS, Navigation이 생활 속에서 널리 사용되고 있는 요즘은 낯선 길을 찾아가는 것이 크게 두렵지 않습니다. 그렇다면 가까운 조선시대에도 이런 장비가 있었을까요? 먼 길을 떠나는 사람들에게 갈림길 안내, 음식 맛과 잠자리가 편안한 주막 정보, 호랑이 같은 맹수가 자주 출몰하는 곳 등을 알려주었던 것이 바로 대동여지도였습니다.

■ 낮은 신분에도 최고의 지리지식을 쌓은 김정호

우리나라 지리 과학자 중에서 김정호만큼 알려진 인물도 그리 많지는 않습니다. 조선의 훌륭한 지리학자로 『대동여지도』를 만든 사람이라는 것은 국민 대부분이 잘 알고 있습니다. 하지만 지난 19세기 후반에 활동했던 사람인데도 그가 언제 어디서 태어나고 죽었는지조차 잘 알려지지 않았습니다.

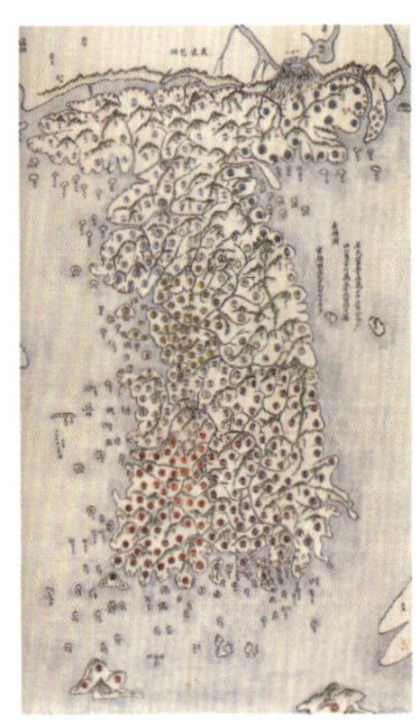

조선팔도지

사람들은 그가 황해도 출신이며 한양 만리재 부근에 살았는데 아내가 거리에서 장사를 해야 할 정도로 살림이 어려웠고, 딸이 있었다고 전합니다. 한양의 약현, 지금의 서울 중구 중림동 쪽에 김정호 기념비가 건립되어 있는 것도 일부 문헌과 주민들에게 전해져 오는 말에 따라 설치한 것입니다.

족보에도 올라와 있지 않은 것으로 보아 김정호는 하층 계급 출신이었고 경제적으로도 빈곤해 제대로 교육을 받지 못했을 것으로 보입니다.

그러나 낮은 신분에도 그의 지리학적 지식이 지리 과학자로서 최고의 수준에 이르렀다는 사실은 그의 학문적 성취 과정이 특별했다고 할 수 있습니다. 각종 지리서와 지도를 제작하는 데 필요한 자료들은 그의 가정 형편이나 신분으로 보아 대부분 그의 친구 혜강 최한기 등에게 빌렸을 것으로 보입니다. 당시에는 책값이 너무 비쌌기 때문에 김정호가 책을 갖춘다는 것은 거의 불가능했을 것입니다.

■ 새로운 방식의 지도, 『대동여지도』

김정호는 어릴 때부터 지도에 관심이 많았습니다. 전국을 두루 살피면서 새로운 곳도 구경하고 정확한 우리나라 지도를 만들겠다는 결심을 했습니다. 그때부터 '조선팔도지'를 들고 우리나라 여러 곳을 답사하는 방랑생활을 시작했습니다. 자신의 두 발로 직접 밟았던 흔적들은 그가 직접 제작하고 저술했던 지도와 지리지에 그대로 옮겨졌습니다.

우선 그의 대표적인 지리지를 보면 김정호가 편찬한 최초의 전국적인 지리지인 『동여도지』, 최성환과 함께 편찬한 『여도비지』, 그의 마지막 지리지였던 『대동지

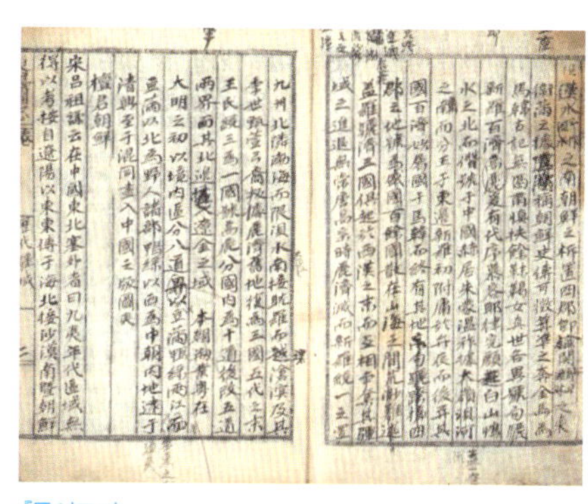

『동여도지』

지」가 있습니다. 특히 『동여도지』와 『대동지지』는 전국을 다루는 지리지에서는 볼 수 없었던 지역별 지지와 주제별 지리학을 결합시킨 형태를 보여줍니다. 즉 현대 지리학에서 말하는 지역지리학과 주제 중심의 계통 지리학적 연구 방법을 접목하려는 노력을 기울였습니다.

한편 그의 지도는, 한양을 그린 '수선전도' 도 있지만 '청구도', '동여도', '대동여지도' 와 같이 우리나라 전체를 담은 지도가 대표적입니다. 이들 지도는 이미 조선 후기에 발달했던 군·현 지도, 경위선이 표시되어 있는 지도, 목판 지도, 휴대할 수 있는 지도 등을 독자적으로 종합하고 각각의 장점을 살려 그렸습니다. 물론 그 중에서도 '대동여지도' 가 가장 세련된 형식을

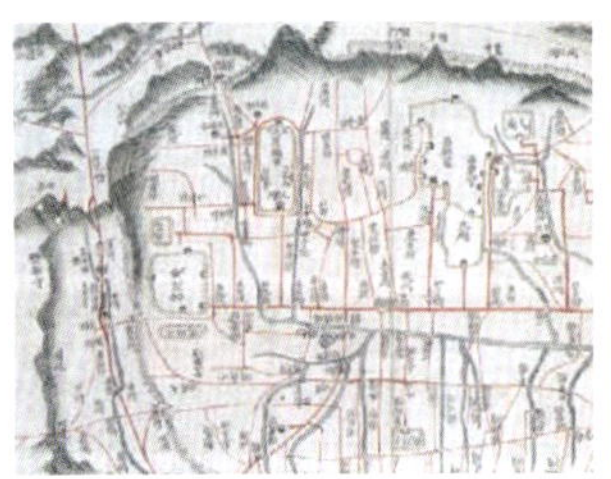

동여도

청구도

보여주고 있는데 그 이전의 지도에서는 여러 가지 설명을 지도의 여백이나 지도 안에 직접 기록하는 전통이 강했습니다. 하지만 '대동여지도'에서는 글씨는 가능한 줄이고 표현하고자 하는 내용을 기호로 표현하는 새로운 방식을 채택한 것이 높은 평가를 받습니다.

■ 시대의 요구에 부흥한 정확하고 과학적인 지도

19세기 김정호가 활동했던 시기는 서양 세력의 영향력이 커졌던 때로 서양 문물이 우리나라에 들어오는 것을 우선 막으려 했습니다. 하지만 한편으로는 들어온 서양의 학문을 통해 새로운 과학과 기술을 받아들이게 됩니다. 조선 후기 사회는 농업과 상공업이 발달해 상인들의 활동이 활발했습니다. 국가적으로나 백성 개개인 모두 국토에 대한 정보가 필요했습니다. 게다가 여행이 늘어나면서 다양한 정보를 얻기 위한 정확한 지도가 필요했습니다. 이로 말미암아 일반인들도 개인적으로 지도를 만들어 갖기를 원했고 직접 만들 수도 있었습니다.

이러한 시대적 요구에 따라, 김정호가 그린 조선 전도들은 그 이전 전도에 비해 훨씬 정확하고 과학적이었습니다. 특히 '대동여지도'에서 볼 수 있듯이 휴대할 수 있는 지도는 자세하고 다양한 국토 정보를 이동하면서 이용할 수 있다는 점에서 현대인이 이용하는 네비게이션이라고 해도 지나치지 않을 것 같습니다. 김정호는 높은 벼슬에 오른 적은 없지만, 국토에 대한 정보를 모으고 체계화해 지배층에서 일반 백성에까지 널리 보급하는 실천하는 지리학자였습니다.

조선 전·후기의 지리지와 지도

다른 학문과 마찬가지로 우리나라 지리학도 조선시대에 들어와서야 본격적인 발전을 보였습니다. 지리에서는 임진왜란을 기준으로 조선시대를 크게 전기와 후기로 나눕니다. 특히 조선 후기는 실증적이고 실용적인 학문 연구를 중시하는 실학의 영향이 컸던 시기로 지리학에서도 전기와는 다른 변화를 가져오는 배경이 됩니다.

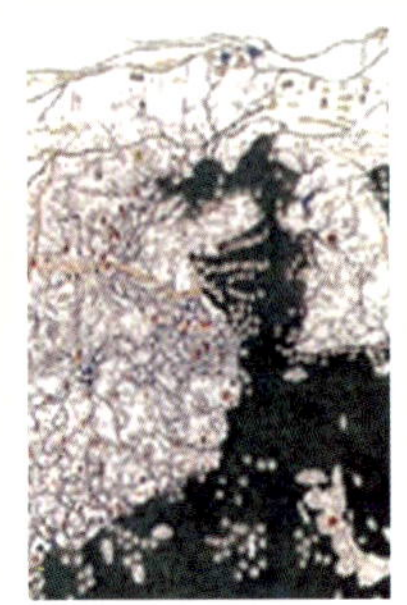
혼일강리역대국도지도

먼저 조선 전기의 지리지는 각 도(道)의 전도(全圖)를 싣고 내력, 풍속, 산천, 토산물 등을 백과사전처럼 항목별로 담았습니다. 새로운 나라가 세워지고 통치에 필요한 자료를 얻으려고 전국적인 자료를 수집했습니다. 대표적인 책이 성종 12년에 50권으로 완간한 『동국여지승람』으로 이 책에도 지도가 중간에 들어가 있습니다.

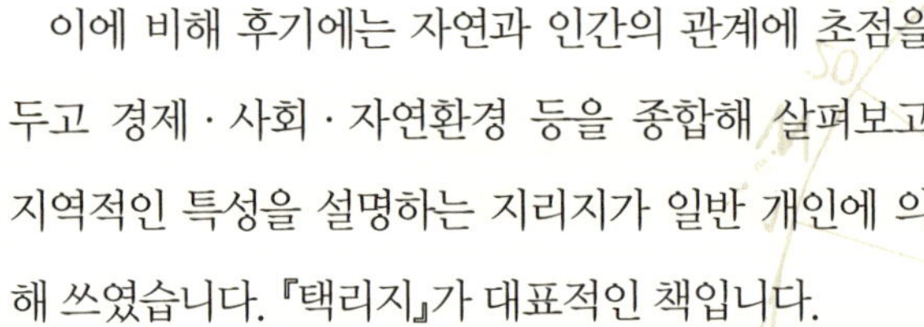

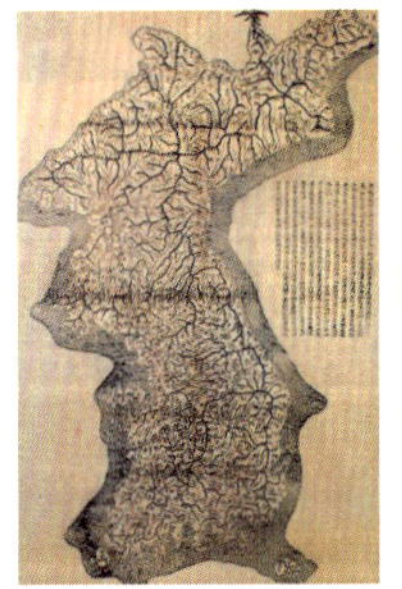
동국지도

이에 비해 후기에는 자연과 인간의 관계에 초점을 두고 경제·사회·자연환경 등을 종합해 살펴보고 지역적인 특성을 설명하는 지리지가 일반 개인에 의해 쓰였습니다. 『택리지』가 대표적인 책입니다.

전기에는 지도가 정확하지 못하고 내용도 빈약한데 주로 넓은 지역을 다루다 보니 작게 그려 넣게 되는 소축척 지도가 많았습니다. '혼일강리역대국도지도', '천하도'와 같은 중국 중심의 세계 지도가 있었습니다.

한편 후기에는 축척을 사용하고 한 지역을 크고 자세하게 표현하는 대축척지도가 개인적으로 많이 제작되었는데, 정상기의 '동국지도', 김정호의 '청구도', '대동여지도'가 대표적입니다.

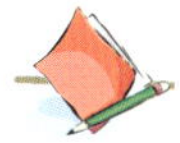

《 교과서로 점프 》

중학교 1학년 사회 1. 지역과 사회탐구

지역사회의 변화 모습은 여러 가지 방법을 통해서 확인할 수 있습니다. 옛날 지도와 오늘날의 지도를 서로 비교해 달라진 모습을 찾아보는 것도 좋은 방법입니다.

고등학교 사회 1. 국토와 지리 정보

조선 전기의 지리서들이 관청에서 국가 통치의 기초 자료를 확보하기 위한 목적으로 편찬되었다면, 조선 후기의 지리서들은 국토에 대한 관심을 바탕으로 국토의 실체를 밝히기 위해 편찬되었습니다. 이와 같이 실학의 영향을 받아 저술된 지리서나 지도는 이전과는 달리 근대적인 국토 이해의 실마리를 제공했으나, 당시의 지배 계층이 이를 받아들이지 않고 이후 연구도 활발하지 않았습니다. 근대적인 지리학의 노력이 별다른 빛을 보지 못해 아쉬움이 남습니다.

■ 대동여지도는 전국을 세 번이나 답사해서 만든 지도?

지금은 마음만 먹으면 전국을 하루 만에 돌아다닐 수 있습니다. 백두산도 북한 쪽에서는 케이블카를 타고 오를 수 있다고 합니다. 그렇다면 김정호는 본인의 열정만으로 각종 지리 정보를 얻으려고 전국을 두루 답사하고 백두산에도 그렇게 많이 올랐을까요? 아마도 이를 믿는 사람은 아무도 없을 것입니다. 교통 여건, 본인의 체력, 경제적인 능력, 그 당시 야생 동물의 종류만 생각해 보아도 거의 불가능한 일이라는 것을 쉽게 알 수 있습니다.

김정호가 그린 서울의 지도 '수선전도'

김정호와 같은 시기에 활동했던 인물이었던 유재건, 최한기, 신헌 등이 남긴 문헌을 보면, 세 사람 모두 김정호가 기존의 지도들을 두루 모아 좋은 점을 집대성했다고 기록했습니다. 즉 많은 자료를 널리 수집하고 오랜 시간 찾고 살펴본 후 여러 지도를 비교해 '청구도'나 '대동여지도'를 제작했다는 것입니다.

■ 김정호의 옥사설은 과연 진실일까요?

김정호와 관련해서는 많은 의문점이 있습니다. 그 중에서 그의 죽음과 관

련해 옥사했다는 의견이 널리 퍼져 있습니다. 그가 제작한 지리지나 지도 등이 국가의 기밀을 담고 있기 때문에 옥사했다는 것입니다.

이러한 내용은 1934년에 일제가 발행한 『조선어독본』에서 비롯되었습니다. 즉, 김정호의 옥사설은 '조선인은 무지해 인재를 알아보지 못했다.' 라는 식으로 대원군을 우매한 정치 지도자로 몰도록 날조한 거짓일 가능성이 큽니다.

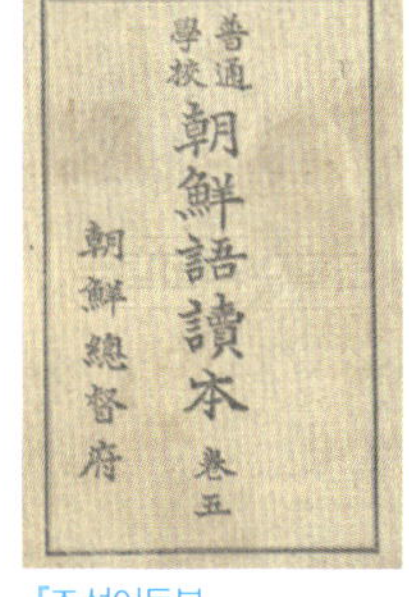

「조선어독본」

그가 옥사를 했다면 그가 만든 지도나 지리지도 모두 없애야 하는데 조금도 손상되지 않고 현재까지 남아 있습니다. 또한 그의 친구였고 경제적인 후원자였던 최한기, 최성환과 비변사에 소장했던 국가 기밀지도를 제공해 주었던 신헌이 어떠한 처벌도 받지 않았습니다. 오히려 신헌은 재신임을 얻기도 했습니다. 이에 따라 최근(1997년) 개편한 초등학교 5학년 교과서에서는 이런 내용이 삭제되었습니다.

도시화(urbanization)

도시화란 도시적인 생활양식이 확대 발전해 나가는 현상으로, 도시 세력이 외부에 미처 주변의 농촌 지역이 도시적 마을로 변하는 과정과 도시 자체가 재개발 등으로 더욱 도시적인 요소로 발전해 가는 과정을 의미합니다.

따라서 도시화하는 사회에서는 도시 거주자의 인구가 꾸준히 증가하며, 특히 개발도상국에서는 때때로 도시 인구가 급격하게 증가하여 정부가 각종 인구 분산 정책을 실시함에도 불구하고 인구의 도시 집중 현상은 심각한 문제로 나타나고 있습니다. 우리나라는 전국 인구에 대한 도시 인구 비율이 꾸준히 증가하면서 도시화율은 2006년 현재 약 90%에 달하는 것으로 추정됩니다.

개발제한구역(green belt, 그린벨트)

개발제한구역은 대도시 시가지가 무제한으로 팽창하는 것을 막기 위해 설정한 녹지대로 자연환경을 보존하고 도시민에게 쾌적한 환경을 제공하려는 목적에서 도시 외곽에 설치되었습니다.

우리나라에서는 1971년 도시계획법이 제정되면서 서울 지역을 시작으로 여러 도시가 개발제한구역으로 지정되었는데, 이 구역 내에서는 건축물의 신축·증축, 용도 변경, 토지의 형질 변경 및 토지 분할 등의 행위를 제한하고 있기 때문에 재산권 행사의 제한에 따른 여러 가지 갈등이 유발되고 있습니다.

인구주택 총조사(census, 센서스)

인구주택 총조사란 인구 총조사와 주택 총조사를 하나로 합친 이름으로 우리나라는 일제강점기에 식민 통치의 기본 자료로 활용하고자 1925년 '국세조사'라는 이름으로 처음 실시했습니다. 1970년 이후 5년마다 정기적으로 전국의 모든 사람과 주택의 규모 및 그 특성을 파악하는 총조사를 합니다.

인구 총조사는 지역별 인구와 가구 수는 물론 개인별 특성까지 조사해서 광범위한 내용을 파악하며 주택 총조사는 주택의 총수·종류·기타 특성을 파악해 국가의 각종 정책 수립 및 집행에 필요한 기초 자료로 이용하기

위한 국가의 기본 통계 조사입니다.

고령화 사회(Aging Society)

고령이란 용어의 정의는 일정하지 않으나 UN은 65세 이
상의 인구가 총인구에서 차지하는 비율이 7% 이상일 때
고령화 사회라고 봅니다. 대개 총인구 중 65세 이상 인구가 차지하는 비율이
14% 이상을 고령 사회(aged society)라고 하고, 그 비율이 20% 이상을 차지
하면 초고령 사회(post-aged society)라고 합니다.

장수(長壽)는 인간이 가장 바라는 소망입니다. 하지만 고령에 따르는 질병·
빈곤·고독·무직업 등의 문제가 발생할 수 있기 때문에 이에 대응하는 사
회·경제적 대책이 고령화 사회의 당면 과제입니다.

우리나라는 2000년에 이미 고령화 사회에 진입했으며 2006년 현재 65세 이상
의 인구가 전체 인구의 9.5%로 이 같은 추세라면 20년 후인 2026년에는 노인
인구 비율이 14.3%로 치솟아 초고령 사회에 진입할 것으로 전망됩니다. 따라
서 노인 복지 예산 확보 및 노인들을 위한 일자리 창출이 시급한 실정입니다.

지역별 한국의 향토 음식

중국은 땅이 넓어 지역마다 독특한 음식문화가 발달했습니다. 한반도도 사계

절의 구분이 뚜렷하고, 지역적으로 기후의 차이가 있어 지방마다 지역 특성을 살린 음식들이 고루 발달했습니다.

함경도는 밭곡식이 많고 남한 지방의 곡식보다 매우 차지고 맛이 구수합니다. 함흥냉면은 홍어, 가자미 등의 생선회를 맵게 비벼 먹기도 하며 '다대기'라는 말도 이 고장에서 나온 말로 고춧가루에 갖은 양념을 넣어 만든 것을 말합니다. 평안도는 해산물이 풍부하고 평야가 넓어 곡식도 풍부하며 추운 지방이므로 겨울에는 육류와 콩, 녹두 등으로 만든 음식을 즐기며 음식도 먹음직스럽게 큼직하고 푸짐하게 만듭니다. 황해도에서는 쌀과 질 좋은 잡곡의 생산이 많아 조밥을 많이 먹는데 황해도는 곡물 중심의 떡이 다양하게 발달했고 맛은 구수하며 모양은 소박합니다.

서울 지방은 전국 각지에서 생산된 여러 가지 재료가 수도인 서울에 모이기 때문에 이것들을 활용한 다양한 음식이 발달했습니다. 서울 음식의 간은 짜지도 맵지도 않은 적당한 맛이며 양념들은 곱게 다져서 쓰고, 음식의 양은 적으나 가짓수를 많이 만듭니다. 북쪽 지방의 음식이 푸짐하고 소박한 데 비해 서울 음식은 모양을 예쁘고 작게 만들어 멋을 냅니다.

강원도에는 산과 바다가 있어서 여러 종류의 산물이 나는데, 산악 지방의 감자, 옥수수, 메밀, 도토리 등으로 만든 음식과 해안의 해산물로 된 소박한 음식들이 향토 음식으로 꼽힙니다. 산악 지방은 육류를 쓰지 않는 담백한 음식이 많습니다. 해안 지방은 멸치나 조개를 넣어 음식 맛을 내며 이곳에서는 멥쌀이나 찹쌀로 만든 떡보다는 감자를 중심으로 한 밭작물과 산채를 이용해 만든 떡이 발달했습니다.

경기도 지방은 서해안에서 나는 해산물이 풍부하고, 동쪽 산간지대에서는 산채가 많아 여러 가지 식품이 고루 생산되는 지역으로 전반적으로 소박하며 양이 많은 편입니다. 간은 세지도 약하지도 않은 서울과 비슷한 정도이고 양념도 많이 쓰는 편은 아닙니다.

충청도는 농업이 성하고 서해에 좋은 어장이 있어, 곡식과 채소 그리고 해산물이 풍부하고 음식은 사치스럽지 않고 양념도 많이 쓰지 않습니다. 국물을 내는 데는 고기보다는 닭 또는 굴, 조개 같은 것을 많이 쓰며 양념으로는 된장을 즐겨 씁니다. 부식에 늙은 호박을 많이 쓰고 음식의 양이 많고 맛이 순합니다.

경상도는 동해와 남해에 좋은 어장이 있어 해산물이 풍부하고, 땅이 기름져서 농산물도 넉넉하게 생산됩니다. 물고기를 고기라고 할 정도로 생선을 즐겨 먹고 대체로 음식이 짜고 매운 편입니다. 음식은 멋을 내거나 사치스럽지 않고 소담하게 만드는데 경상도는 날씨가 따뜻해 고춧가루를 많이 사용한 매운 음식이 많아 아귀찜, 가오리찜, 장아찌 류 등의 음식이 발달했습니다.

전라도는 땅이 기름져서 풍부한 곡식과 각종 해산물, 산채 등 다른 지방에 비해 산물이 많아 음식의 종류가 다양하며, 음식에 대한 정성이 유별나고 사치스러운 편입니다. 콩나물 기르는 법과 조리법이 특이하며 고추장, 술 맛이 빼어납니다. 간은 다른 지방에 비해 짜게 하는 편으로, 매운맛과 자극적인 맛이 두드러지며 고춧가루·젓갈 등 양념을 많이 사용해 저장성이 뛰어난 것이 특징입니다.

끝으로 제주도는 자연환경의 영향으로 쌀은 거의 생산하지 못하고 콩, 보리 등의 잡곡을 생산하며 해산물이 풍부하고, 소와 말 등의 목축이 성하며 향토음식으로는 돼지고기와 닭고기, 생선을 이용하는 음식이 발달했습니다. 제주도 음식은 해초가 주된 재료이며, 된장으로 맛을 내고 각각의 재료가 가진 자연의 맛을 그대로 살리는 것이 특징입니다.